Susanne Schulte

Lehrkraft werden ist schon schwer – Lernbegleitung noch viel mehr

Susanne Schulte

LEHRKRAFT WERDEN IST SCHON SCHWER – LERNBEGLEITUNG NOCH VIEL MEHR

Bibliografische Information der Deutschen Nationalbibliothek: Die Deutsche Nationalbibliothek verzeichnet diese Publikation in der Deutschen Nationalbibliografie; detaillierte bibliografische Daten sind im Internet über http://dnb.dnb.de abrufbar.

Verlag: BoD · Books on Demand GmbH, In de Tarpen 42, 22848 Norderstedt, bod@bod.de

Druck: Libri Plureos GmbH, Friedensallee 273, 22763 Hamburg

ISBN: 978-3-7693-5089-0

Inhaltsverzeichnis

Vorwort 10

Warum die Veränderung von der Lehrkraft zur Lernbegleitung so schwierig ist 12

Was ist notwendig, um den Wandel zu unterstützen? 13

Die Haltung einer erfolgreichen Lernbegleitung 13

Mut zur Veränderung: Die Kraft der Selbstreflexion 14

Lehren, lernen, begleiten, reflektieren, wachsen 14

Die Einschätzungsmethode – ein Selbstreflexionsbogen 15

    Ich baue meine Beobachtungs- und Diagnostikfähigkeiten aus 19

    Ich fördere die Beziehungsarbeit zu meinen Schüler*innen 20

    Ich fördere digitale Kompetenz 21

    Ich entwickle meine Fähigkeit zur Selbstregulation weiter 22

    Ich fördere Eigenverantwortung und Selbststeuerung 24

    Ich fördere die emotional-soziale Kompetenz 25

    Ich entwickle meine Empathiefähigkeit und mein Einfühlungsvermögen weiter 26

    Ich baue meine fachliche und didaktische Kompetenz aus 28

    Ich setze unterschiedliche Feedback- und Bewertungsmethoden ein 29

    Ich entwickle meine Flexibilität und Anpassungsfähigkeit weiter 30

    Ich fördere globales Denken und kulturelle Sensibilität 31

    Ich unterstütze Schüler*innen im individualisierten Lernen 32

    Ich fördere kollaboratives Lernen 34

    Ich fördere Kommunikation 35

    Ich fördere den Innovationsgeist der Schüler*innen 36

    Ich fördere kritisches Denken und die Problemlösefähigkeit 38

    Ich lebe lebenslanges Lernen vor 39

    Ich unterstütze meine Schüler*innen darin das Lernen zu lernen 40

    Ich fördere Medienkompetenz 42

    Ich bin als Mentor und Coach tätig 43

    Ich baue meine Methodenvielfalt aus 45

Ich reflektiere meine pädagogische Beziehungsarbeit 46

Ich wachse an meiner Reflexionskompetenz und meiner Fähigkeit zur Selbstkritik 48

Ich fördere das selbstregulierte Lernen 49

Deine Zwischenbilanz 50

Die Fragenmethode zur Selbstreflexion 51

Fragen zur Unterrichtsgestaltung 52

Fragen zur Schüler*innenbeziehung und zum Classroom-Management 53

Fragen zu Feedback und Reflexion 54

Fragen zu Selbstmanagement und Zeitplanung 55

Fragen zu Werten und der Grundhaltung 56

Fragen zu Kooperationen und Netzwerken 57

Fragen zur Beruflichen Weiterentwicklung 58

Fragen zu Individuellen Herausforderungen und Lösungen 59

Der Mehrwert deiner Selbstreflexion 61

Ein Ideenpool als Inspirationsquelle 62

- Beobachtung und Diagnostik 63

- Beziehungsarbeit 66

- Digitale Kompetenz 69

- Eigene Selbstregulation 72

- Eigenverantwortung und Selbststeuerung 75

- Emotional-soziale Kompetenz 78

- Empathie und Einfühlungsvermögen 81

- Fachliche und didaktische Kompetenz 84

- Feedback und Bewertung 87

- Flexibilität und Anpassung 90

- Globales Denken und Kulturelle Sensibilität 93

- Individuelle Begleitung 97

- Kollaboratives Lernen 100

- Kommunikationsfähigkeit 103

- Kreativität und Innovation 106
- kritisches Denken und Problemlösefähigkeit 109
- lebenslanges Lernen 112
- Lernkompetenz 115
- Medienkompetenz 118
- Mentor und Coach 122
- Methodenvielfalt und Kreativität auszubauen 125
- pädagogische Beziehungsarbeit 128
- Reflexionsfähigkeit und Selbstkritik 131
- Selbstreguliertes Lernen 134

Liebe Leserin, lieber Leser,

Schule ist mehr als nur ein Ort des Wissens – sie prägt auch unsere Haltung zum Lernen und zum Leben. Und genau aus diesem Grund lohnt es sich, gemeinsam darüber nachzudenken, wie innerhalb unserer Gesellschaft Bildung wahrgenommen wird.

Weiterhin verbinden wir Schule meist zuerst mit Fächern und Lehrplänen. Es fallen Sätze wie „Ich unterrichte Mathe" oder „Ich unterrichte Geschichte". Doch sollte in diesen Sätzen nicht bereits der Fokus auf den Lernenden liegen?

Wie schön wäre es, wenn wir Schule grundsätzlich anders denken könnten. Wenn die Auffassung von Lernen nicht länger primär durch vorgegebenen Lehrstoff und Fachbereiche bestimmt würde, sondern durch die Fähigkeit, sich die Welt zu erschließen und den eigenen Weg zu finden. Wenn alle Lehrkräfte auf die Frage nach ihrem Beruf und der damit verbundenen Tätigkeit sagen würden: „Ich begleite Kinder und Jugendliche ein Stück weit auf ihrem Lebensweg."

Dieser Gedanke lädt ein, das Verständnis von Schule zu erweitern. Es geht darum, junge Menschen in ihrer Einzigartigkeit zu sehen und sie dabei zu unterstützen, das Lernen für sich selbst zu entdecken.

In einer Zeit des stetigen Wandels stehen wir als Pädagog*innen heute mehr denn je vor der Aufgabe, unsere Rolle immer wieder neu zu denken: Von der klassischen Wissensvermittlung hin zur Lernbegleitung, die Schülerinnen und Schüler individuell fördert, eigenverantwortliches Lernen ermöglicht und eine positive, vertrauensvolle Beziehung aufbaut. Dieser Wandel ist jedoch nicht nur eine methodische, sondern vor allem eine persönliche Entwicklung.

Mit diesem Buch möchte ich dich dabei unterstützen, deine eigene Haltung zu reflektieren, deine Stärken zu erkennen und Potenziale zu entfalten, um deine Rolle als Lernbegleiter*in bewusst und authentisch zu gestalten. Dieses Buch versteht sich als eine Einladung, gemeinsam eine Veränderung zu gestalten – für eine Schule, die den Menschen in den Mittelpunkt rückt.

Veränderung geschieht nicht über Nacht – und sie geschieht auch nicht zufällig. Sie ist ein Prozess, der Zeit, Aufmerksamkeit und Reflexion erfordert. Deshalb bietet dieses Buch einen systematischen Ansatz: Es stellt Werkzeuge und Methoden bereit, mit denen du deine persönliche Entwicklung aktiv gestalten kannst.

Im Zentrum steht ein strukturierter Selbstreflexionsbogen, der dir ermöglicht, deine Haltung und dein Handeln aus verschiedenen Perspektiven zu betrachten. Ergänzt wird dieser durch gezielte Fragen, die dich durch zentrale Bereiche deiner pädagogischen Praxis führen. Die Reflexion soll dir unter anderem Aufschluss über deine Werte und Überzeugungen geben, deine Beziehungsgestaltung zu Schüler*innen beleuchten und dir helfen, Veränderungen vorzunehmen, um dich selbst weiterzuentwickeln. Zusätzlich liefert das Buch vielfältige Impulse und Denkanstöße, die dich motivieren, deine Fähigkeiten immer weiter auszubauen.

Dieses Buch ist kein Lehrbuch, das dir vorgibt, was zu tun ist. Es ist vielmehr ein Wegweiser, der dir Orientierung gibt, wenn du deinen eigenen Weg gestaltest. Es richtet sich an alle, die mit Menschen arbeiten und sie in ihrem Lern- und Entwicklungsprozess begleiten – sei es in Schulen oder in der Erwachsenenbildung.

Die Fragen und Impulse laden dich ein, innezuhalten, nachzudenken und deine persönliche Entwicklung bewusst zu gestalten. Mein Ziel ist es, dir nicht so sehr die theoretischen Grundlagen einer veränderten Haltung zu vermitteln, sondern konkrete Werkzeuge an die Hand zu geben, mit denen du diese in die Praxis umsetzen kannst.

Lass uns gemeinsam entdecken, wie wir mit einer reflektierten Haltung zu den Lernbegleiter*innen werden können, die unsere Zeit braucht.

Susanne Schulte

Die Veränderung von der klassischen Lehrkraft zur Lernbegleitung ist ein tiefgreifender Prozess, der uns auf vielen Ebenen herausfordert – persönlich, institutionell und gesellschaftlich. Jahrzehntelang prägte das Bild der Wissensvermittlerin oder des Wissensvermittlers die berufliche Identität von Lehrkräften. Doch die heutigen Anforderungen an Bildung verlangen weit mehr: eine Rolle, die Coaching, individuelle Förderung und Beziehungsgestaltung miteinander vereint. Dies erfordert nicht nur neue Kompetenzen, sondern auch die Bereitschaft, sich emotional auf einen Wandel einzulassen.

Gewohnheiten und Selbstverständnisse, die sich über Jahre hinweg gefestigt haben, machen diesen Wandel zu einer besonderen Herausforderung. Es geht nicht nur darum, methodische Ansätze zu ändern, sondern die eigene Haltung grundlegend zu hinterfragen und neu auszurichten. Dies erfordert Mut, Geduld und die Bereitschaft, Vertrautes loszulassen.

Gleichzeitig stehen Lehrkräfte vor der Aufgabe, neue Fähigkeiten zu erwerben. Digitalisierung, individualisiertes Lernen und eine diversitätsgerechte Unterrichtsgestaltung sind zentrale Stichworte. Doch Zeit, Energie und Ressourcen – die grundlegenden Bausteine für diesen Lernprozess – sind im Berufsalltag oft knapp. Unsicherheiten darüber, ob man den neuen Anforderungen gerecht werden kann, erzeugen zusätzliche Belastungen.

Auch die Rahmenbedingungen erschweren den Wandel. Bildungssysteme sind vielfach von starren Strukturen geprägt, die wenig Spielraum für Flexibilität und Innovation lassen. Moderne Technologien, Fortbildungsmöglichkeiten und ausreichende finanzielle Mittel stehen nicht immer in dem Maß zur Verfügung, wie es für die Transformation notwendig wäre. Hinzu kommen kulturelle Widerstände: Schulen und Institutionen neigen dazu, Änderungen nur langsam zu adaptieren.

Zusätzlich wirken gesellschaftliche Erwartungen als Hemmnis. Eltern, Politik und Öffentlichkeit fordern häufig die Bewahrung traditioneller Rollenbilder, die jedoch nicht mehr zeitgemäß sind. Gleichzeitig schreitet die technologische Entwicklung schneller voran, als dass Systeme und Menschen mithalten könnten. Diese Diskrepanz verdeutlicht, wie komplex und tiefgreifend der Wandel ist.

Doch so groß die Herausforderung auch sein mag: Sie ist zugleich eine Einladung, die eigene Rolle und Praxis neu zu definieren und so eine nachhaltige Veränderung anzustoßen.

Ein gelungener Wandel zur Lernbegleitung setzt ein durchdachtes Zusammenspiel aus individueller Entwicklung, institutioneller Förderung und gesellschaftlicher Unterstützung voraus. Hier sind die wichtigsten Hebel:

Gezielte Weiterbildungsangebote, die praxisnah digitale Medienkompetenz, Methodenvielfalt und individualisiertes Lernen thematisieren, sind essenziell. Mentoring-Programme können hier wertvolle Begleitung bieten. Gleichzeitig braucht es feste Zeiten im Arbeitsalltag, die für Reflexion und Entwicklung reserviert sind.

Moderne Technologien, stabile digitale Infrastruktur und flexible Curricula schaffen die Voraussetzungen für innovatives Lehren und Lernen. Zudem ist es notwendig, den Verwaltungsaufwand der Lehrkräfte zu reduzieren, damit diese sich auf ihre pädagogischen Aufgaben konzentrieren können.

Vertrauen, Teamarbeit und Fehlertoleranz müssen gestärkt werden. Lehrkräfte sollten ermutigt werden, Neues auszuprobieren – ohne Angst vor Kritik oder Sanktionen. Eine aktive Einbindung in Entscheidungsprozesse fördert zudem die Identifikation mit den Veränderungen.

Langfristige Investitionen in Bildung, transparente Kommunikation über die Ziele des Wandels und attraktive Anreize für Lehrkräfte sind Schlüsselfaktoren, um die Akzeptanz und Motivation zu fördern.

Der Wandel ist kein Selbstzweck, sondern ein Weg, um Lehrkräften und Lernenden gleichermaßen Raum für Entwicklung, Kreativität und Freude am Lernen zu geben.

Die Haltung einer erfolgreichen Lernbegleitung

Eine authentische Lernbegleitung beginnt bei der inneren Haltung. Offenheit, Empathie und Respekt sind hier die zentralen Pfeiler. Lernbegleiter*innen begegnen jedem Menschen als individuelle Persönlichkeit und schaffen eine Atmosphäre des Vertrauens, in der Fehler als Chance für Wachstum begriffen werden.

Diese Haltung zeigt sich auch im eigenen Verhalten: Eine inspirierende Lernbegleitung lebt, was sie vermittelt. Sie ist neugierig, flexibel und bereit, sich ständig weiterzuentwickeln. Ihre Freude am Lehren und Lernen überträgt sich auf die Lernenden, während Einfühlungsvermögen und Geduld die Grundlage für eine starke Beziehungsgestaltung bilden.

Durch regelmäßige Reflexion bleibt die eigene Praxis lebendig und anpassungsfähig. Feedback wird als wertvolle Ressource betrachtet, um sich selbst weiterzuentwickeln.

Veränderung beginnt mit einem ehrlichen Blick nach innen. Selbstreflexion ist der erste Schritt, um die eigene Haltung zu hinterfragen und neu auszurichten. Es geht darum, innezuhalten und Fragen zu stellen wie: Welche Werte leiten mich? Welche Stärken zeichnen mich aus? Welche Herausforderungen möchte ich angehen?

Dieser Prozess erfordert Zeit und Offenheit, doch er bietet eine einzigartige Gelegenheit für persönliches Wachstum. Indem wir uns selbst als lebenslange Lernende begreifen, setzen wir ein starkes Zeichen für die Menschen, die wir begleiten.

Veränderung ist keine Reise, die allein bewältigt werden muss. Der Austausch mit Kolleg*innen, gemeinsame Reflexion und gegenseitige Unterstützung schaffen eine Kultur des Lernens, in der Entwicklung möglich wird.

Die Reise der Veränderung mag herausfordernd sein, aber sie führt zu tiefer Zufriedenheit – für uns selbst und für die Menschen, die wir begleiten. Indem wir uns auf diese Reise einlassen, gestalten wir eine Zukunft, in der Lernen eine Quelle von Freude und Gemeinschaft ist.

LEHREN, LERNEN, BEGLEITEN, REFLEKTIEREN, WACHSEN

Selbstreflexion ist ein entscheidender Faktor für die Weiterentwicklung als Lernbegleiter*in. Zwei bewährte Methoden sind die Einschätzungsmethode und die Fragenmethode. Beide ergänzen sich und bieten unterschiedliche Perspektiven auf die eigene Arbeit.

Die Einschätzungsmethode fokussiert sich auf die subjektive Wahrnehmung und Bewertung der eigenen Praxis. Sie bietet Raum, das eigene Verhalten bewusst zu reflektieren. Diese Reflexion macht deutlich, wie wichtig die kontinuierliche Entwicklung ist und wie persönliche Haltungen zur Professionalisierung beitragen.

Im Gegensatz dazu regt die Fragenmethode zu einer systematischen Analyse der Praxis an. Sie fordert dazu auf, gezielte Fragen zu stellen, etwa: Welche Strategien funktionieren gut und warum? Wie setze ich Differenzierung im Unterricht konkret um?

Diese Methode bietet klare Anhaltspunkte, um Stärken und Verbesserungspotenziale zu identifizieren. Sie ist besonders hilfreich, um konkrete Maßnahmen abzuleiten und gezielt umzusetzen.

Die Kombination beider Methoden ermöglicht eine umfassende Reflexion: Sie verbindet tiefes Nachdenken über die eigene Haltung mit einer praxisnahen Analyse des Unterrichts. Auf diese Weise entsteht ein kraftvoller Reflexionsprozess, der nicht nur die persönliche Weiterentwicklung unterstützt, sondern auch die Qualität der Lernbegleitung nachhaltig steigert.

Auf den nun folgenden Seiten biete ich dir beide Methoden an, um dir eine umfassende und persönliche Reflexion zu ermöglichen und dich dabei zu unterstützen, die gewonnenen Erkenntnisse nachhaltig in deinen Alltag zu integrieren.

DIE EINSCHÄTZUNGSMETHODE – EIN SELBSTREFLEXIONSBOGEN

Das Aufgabenfeld einer Lernbegleitung ist anspruchsvoll und vielseitig. Der gesellschaftliche Wandel, die fortschreitende Digitalisierung und die zunehmende Komplexität des Alltags stellen Lernbegleiter*innen täglich vor neue Herausforderungen.

Um Schüler*innen nicht nur für die Schule, sondern auch für ihren weiteren Lebensweg gut vorzubereiten, sollten Lernbegleiter*innen über bestimmte Eigenschaften und Kompetenzen verfügen. Insbesondere im Hinblick auf die Förderung der 21st Century Skills sind einige Fähigkeiten und Eigenschaften unverzichtbar.

Dabei gilt: Nur wer sie selbst vorlebt und authentisch anwendet, kann diese Fähigkeiten überzeugend vermitteln und ihre Bedeutung für das echte Leben verdeutlichen. Das bedeutet für dich: Nur wenn du diese Kompetenzen selbst verinnerlicht hast, kannst du deine Schüler*innen bestmöglich auf die Zukunft vorbereiten. Deshalb enthält der Reflexionsbogen sowohl Aussagen zu deinen eigenen Kompetenzen als auch dazu, wie gut du diese an andere weitervermitteln kannst.

Die folgenden Bereiche sind Teil des Selbstreflexionsbogens und wurden von mir ausgewählt, da sie essenzielle Fähig- und Fertigkeiten einer*s Lernbegleiter*in abdecken. Nachfolgend gehe ich auf ausgewählte Bereiche ein und erläutere, warum diese in meinen Augen besonders bedeutsam sind. Bitte beachte, dass die Kategorien alphabetisch geordnet sind und sich ausschließlich auf die Arbeit mit deinen Schüler*innen konzentrieren. Der erweiterte Aufgabenbereich, wie etwa die Zusammenarbeit mit Eltern, wurde an dieser Stelle bewusst von mir ausgeklammert.

Beobachtungs- und Diagnostikfähigkeiten - Ein*e Lernbegleiter*in sollte die Fähigkeit haben, die individuellen Stärken, Schwächen und Lernfortschritte jedes Kindes regelmäßig zu beobachten und zu analysieren. Dazu gehören auch Fähigkeiten zur Diagnostik, um genau zu erkennen, welche Art von Unterstützung oder Herausforderung jedes Kind benötigt.

Beziehungsarbeit (fördern) - Ein*e Lernbegleiter*in sollte die Fähigkeit haben, vertrauensvolle Beziehungen zu den Lernenden aufzubauen und zu fördern, da ein positives Miteinander die Grundlage für erfolgreiches Lernen bildet.

Digitale Kompetenz (fördern) - Ein*e Lernbegleiter*in sollte die Fähigkeit haben, digitale Tools und Technologien für Unterricht und Kommunikation zu nutzen, sowie Schüler*innen beim verantwortungsbewussten Umgang mit diesen Technologien zu unterstützen.

(Eigene) Selbstregulation - Ein*e Lernbegleiter*in sollte die Fähigkeit haben, die eigene Selbstregulation zu reflektieren, um in herausfordernden Situationen professionell und gelassen zu reagieren. Dies ist entscheidend, um ein stabiles Vorbild für die Lernenden zu sein und eine förderliche Lernatmosphäre zu gewährleisten.

Eigenverantwortung und Selbststeuerung (fördern) - Ein*e Lernbegleiter*in sollte Schülerinnen dabei unterstützen, ihre Eigenverantwortung und Selbststeuerung zu entwickeln, um auf die Bewältigung unterschiedlichster Herausforderungen vorbereitet zu sein und in allen Lebenslagen nachhaltig und selbstständig zu handeln.

Emotional-soziale Kompetenz (fördern) - Ein*e Lernbegleiter*in sollte die Fähigkeit haben, emotionale Intelligenz zu entwickeln, Empathie zu zeigen, Konfliktlösung zu vermitteln und ein positives Lernklima zu schaffen.

Empathie und Einfühlungsvermögen - Ein*e Lernbegleiter*in sollte die Fähigkeit haben, sich in die Perspektive der Schüler*innen hineinzuversetzen. Das bedeutet, die Bedürfnisse, Interessen und Herausforderungen der Schüler*innen wahrzunehmen und ernst zu nehmen.

Fachliche und didaktische Kompetenz - Ein*e Lernbegleiter*in sollte über eine fundierte fachliche und didaktische Basis verfügen. Er/Sie muss den Lehrplan kennen und verstehen, wie er diesen an die Interessen der Schüler*innen anpassen kann, ohne das fachliche Niveau zu vernachlässigen. Didaktische Kompetenz bedeutet in diesem Fall, die Lerninhalte sinnvoll und strukturiert aufzubereiten, sodass sie für Schüler*innen verständlich und ansprechend sind und ihren Interessen entgegenkommen.

Feedback- und Bewertungsmethoden einsetzen - Ein*e Lernbegleiter*in sollte die Fähigkeit haben, unterschiedliche Feedbackmethoden anzuwenden, um den Lernprozess der Schüler*innen kontinuierlich zu verbessern.

Flexibilität und Anpassungsfähigkeit - Ein*e Lernbegleiter*in sollte die Fähigkeit haben, flexibel und agil auf Veränderungen in der Lernumgebung oder bei Schüler*innen zu reagieren und den Unterricht entsprechend anzupassen.

Globales Denken und kulturelle Sensibilität (fördern) - Ein*e Lernbegleiter*in sollte die Fähigkeit haben, Schüler*innen eine globale Perspektive zu vermitteln und interkulturelles Verständnis zu fördern.

Individualisierte Unterstützung beim Lernen geben - Ein*e Lernbegleiter*in sollte die Fähigkeit haben, den Lernprozess jedes*r Schüler*in individuell zu begleiten und personalisierte Lernwege zu ermöglichen.

Kollaboratives Lernen (fördern) - Ein*e Lernbegleiter*in sollte die Fähigkeit haben, kooperative Lernprozesse zu unterstützen, Teamarbeit zu fördern und Lernumgebungen zu schaffen, die gemeinsames Problemlösen und Zusammenarbeit stärken.

Kommunikationsfähigkeit (fördern) - Ein*e Lernbegleiter*in sollte die Fähigkeit haben, klar und effektiv Informationen, sowohl mündlich als auch schriftlich, auszutauschen, sowie eine offene Kommunikation bei den Schüler*innen zu fördern.

Kreativität und Innovation (anregen) - Ein*e Lernbegleiter*in sollte die Fähigkeit haben, Schüler*innen zu kreativen Lösungsansätzen zu motivieren, ihnen Raum für Experimente und innovative Denkansätze zu bieten.

Kritisches Denken und Problemlösefähigkeit (fördern) - Ein*e Lernbegleiter*in sollte die Fähigkeit haben, Schüler*innen zu ermutigen, Probleme selbstständig zu analysieren, Informationen kritisch zu bewerten und fundierte Entscheidungen zu treffen.

Lebenslanges Lernen vorleben - Ein*e Lernbegleiter*in sollte die Bereitschaft und die Fähigkeit haben, selbst kontinuierlich zu lernen und sich weiterzubilden, um stets auf dem aktuellen Stand der Pädagogik und Technik zu bleiben.

Lernen lernen (fördern) - Ein*e Lernbegleiter*in sollte die Fähigkeit haben, Schüler*innen im Bereich „Lernen lernen" zu fördern, sodass sie in der Lage sind, sich eigenverantwortlich und selbstständig Wissen anzueignen.

Medienkompetenz (fördern) - Ein*e Lernbegleiter*in sollte die Fähigkeit haben, Schüler*innen im kritischen Umgang mit Medien und deren Inhalten zu unterstützen, insbesondere in Bezug auf Recherche, Informationsbewertung und ethische Fragen.

Mentoring und Coaching - Ein*e Lernbegleiter*in sollte die Fähigkeit haben, als Mentor aufzutreten und Schüler*innen auf ihrem persönlichen und schulischen Weg zu begleiten, sie zu motivieren und ihnen bei der Zielsetzung zu helfen.

Methodenvielfalt und Kreativität - Ein*e Lernbegleiter*in sollte über eine breite Palette an Unterrichtsmethoden verfügen, um den unterschiedlichen Interessen und Lernstilen der Kinder gerecht zu werden. Die Fähigkeit, Inhalte anschaulich, spielerisch und erfahrungsorientiert zu vermitteln, ist dabei essenziell.

Pädagogische Beziehungsarbeit - Ein*e Lernbegleiter*in sollte die Fähigkeit haben, die eigene pädagogische Beziehungsarbeit zu reflektieren, um die Qualität der Beziehung zu den Lernenden kontinuierlich zu verbessern. Dies ermöglicht es, individuelle Bedürfnisse besser zu erkennen und ein unterstützendes Lernumfeld zu schaffen.

Reflexionsfähigkeit und Selbstkritik - Ein*e Lernbegleiter*in sollte die Bereitschaft und die Fähigkeit haben, ihr/sein eigenes Verhalten und die Wirksamkeit seiner/ihrer Methoden regelmäßig zu reflektieren, um sich kontinuierlich weiterzuentwickeln und flexibel auf die Bedürfnisse der Schüler*innen zu reagieren.

Selbstreguliertes Lernen (fördern) - Ein*e Lernbegleiter*in sollte die Fähigkeit haben, Schüler*innen beim Entwickeln von Eigenverantwortung, Selbstorganisation und Zeitmanagement im Lernprozess zu unterstützen.

Der Bogen unterstützt dich dabei, deine Fähigkeiten als Lernbegleiter*in zu überprüfen und gezielt weiterzuentwickeln. Bitte markiere, wie sicher du dich in den jeweiligen Bereichen fühlst, indem du die entsprechende Anzahl an Kästchen ausmalst (0 = gar nicht sicher, 10 = vollkommen sicher). Dadurch erhältst du eine anschauliche Übersicht über deine Ergebnisse und deine momentane Selbsteinschätzung.

Es kann vorkommen, dass dir einige Aussagen oder Bereiche ähnlich erscheinen – das ist bewusst so gestaltet. Deine Antworten könnten in unterschiedlichen Kontexten unterschiedlich ausfallen. Manchmal wirst du vielleicht das Bedürfnis haben, mit einem einfachen „Ja" oder „Nein" zu antworten. Verwende trotzdem die Skala, um herauszufinden, wie stark dein „Ja" oder „Nein" tatsächlich ist.

Ich wünsche dir viel Freude beim Ausfüllen! Nutze diese Gelegenheit, um deine Gedanken, Gefühle und Handlungen besser zu verstehen. Dies wird dir helfen, persönliches Wachstum zu fördern und fundierte Entscheidungen zu treffen.

ICH BAUE MEINE BEOBACHTUNGS- UND DIAGNOSTIKFÄHIGKEITEN AUS

Ich reflektiere regelmäßig meine Beobachtungen, um meine Wahrnehmung zu schärfen.

Ich dokumentiere meine Beobachtungen systematisch, um Entwicklungsprozesse der Schüler*innen besser zu verstehen.

Ich nehme an Weiterbildungen teil, die Diagnostik- und Beobachtungstechniken vermitteln.

Ich tausche mich mit Kolleg*innen aus, um unterschiedliche Perspektiven auf meine Beobachtungen zu erhalten.

Ich übe, die nonverbalen Signale und Verhaltensweisen der Schüler*innen bewusster wahrzunehmen.

Ich setze mich intensiv mit den Unterrichtsmaterialien auseinander, um deren Einsatz besser beobachten zu können.

Ich nutze regelmäßige Feedbackgespräche mit Schüler*innen, um meine diagnostischen Einschätzungen zu überprüfen.

Ich entwickle ein stärkeres Bewusstsein für unbewusste Vorannahmen in meinen Beobachtungen.

Ich erstelle individuelle Beobachtungsbögen, die auf die Bedürfnisse der Schüler*innen zugeschnitten sind.

Ich lese Fachliteratur, um meine diagnostischen Fähigkeiten theoretisch zu untermauern.

Ich nehme mir bewusst Zeit, um zuzuhören und die Interessen sowie Anliegen meiner Schüler*innen kennenzulernen.

Ich zeige echtes Interesse an ihren individuellen Lernwegen und unterstütze sie dabei, ihre eigenen Ziele zu erreichen.

Ich begegne meinen Schüler*innen mit Respekt und erkenne ihre Stärken und Fähigkeiten an.

Ich fördere eine Atmosphäre des Vertrauens, indem ich offen und wertschätzend kommuniziere.

Ich reflektiere mein eigenes Verhalten, um sicherzustellen, dass ich ein Vorbild für Empathie und Geduld bin.

Ich gebe konstruktives Feedback und lobe Anstrengungen, um die Motivation der Schüler*innen zu stärken.

Ich unterstütze sie dabei, Verantwortung für ihr eigenes Lernen zu übernehmen, und helfe ihnen, Herausforderungen zu meistern.

Ich sorge dafür, dass die Schüler*innen sich sicher und wohl fühlen, um ihre Persönlichkeit frei entfalten zu können.

Ich arbeite eng mit ihnen zusammen, um Konflikte zu lösen und eine positive Klassengemeinschaft aufzubauen.

Ich bin geduldig, wenn Schüler*innen Zeit brauchen, und feiere ihre kleinen und großen Erfolge.

Ich zeige den Schüler*innen, wie sie digitale Tools wie Präsentationssoftware oder Lernplattformen sinnvoll für Projekte nutzen können.

Ich unterstütze die Schüler*innen dabei, vertrauenswürdige Informationen im Internet zu recherchieren und kritisch zu bewerten.

Ich führe die Schüler*innen in den verantwortungsvollen Umgang mit sozialen Medien ein und diskutiere Datenschutz und Cybermobbing.

Ich plane Unterrichtseinheiten, in denen die Schüler*innen digitale Kreativwerkzeuge wie Bildbearbeitung, Videoschnitt oder Coding kennenlernen.

Ich biete regelmäßige Workshops an, um den Schüler*innen den sicheren Umgang mit Passwörtern und anderen Sicherheitsmaßnahmen zu vermitteln.

Ich ermutige die Schüler*innen, digitale Technologien zur Zusammenarbeit zu nutzen, beispielsweise durch gemeinsame Dokumentbearbeitung oder virtuelle Diskussionen.

Ich gebe den Schüler*innen Aufgaben, bei denen sie digitale Präsentationen oder Websites erstellen, um ihre Inhalte zu präsentieren.

Ich integriere spielerische Lernplattformen und Apps in den Unterricht, um die Motivation und die Lernfreude zu fördern.

Ich unterstütze die Schüler*innen dabei, digitale Quellen in ihren Arbeiten korrekt zu zitieren und Plagiate zu vermeiden.

Ich arbeite mit den Schüler*innen an Projekten, die digitale Medien und reale Erfahrungen verbinden, wie z. B. eine virtuelle Exkursion oder ein Podcast-Projekt.

Ich nehme mir regelmäßig Zeit, um meine Gefühle und Gedanken zu beobachten und zu reflektieren.

Ich analysiere Situationen, in denen ich emotional reagiere, um meine Trigger besser zu verstehen.

Ich setze mir klare persönliche und berufliche Ziele, die meine Selbstregulation fördern.

Ich habe Strategien entwickelt, die mir helfen, meine Arbeit zu strukturieren.

Ich habe Wege gefunden, mich zu motivieren, wenn es mal zäh wird.

Ich kann Faktoren benennen, die mich an meiner Arbeit stressen.

Ich habe Wege gefunden mit diesen Stressbedingungen umzugehen.

Ich übe bewusst Achtsamkeit, um in stressigen Momenten Ruhe zu bewahren.

Ich hole mir Feedback von Kolleg*innen und Schüler*innen, um meine Verhaltensweisen besser einzuschätzen.

Ich dokumentiere regelmäßig meine Fortschritte und Herausforderungen.

Ich suche aktiv nach Strategien, um meine Geduld und Gelassenheit im Alltag zu stärken.

Ich plane regelmäßige Pausen ein, um Überforderung zu vermeiden.

Ich hinterfrage meine eigenen Werte und Überzeugungen, um fair und vorurteilsfrei zu handeln.

Ich nehme an Fortbildungen teil, um meine Fähigkeiten zur Selbstregulation weiterzuentwickeln.

Ich praktiziere Techniken wie Atemübungen oder Meditation, um mich in herausfordernden Situationen zu beruhigen.

Ich reflektiere abends, wie ich auf schwierige Situationen reagiert habe, und suche nach Verbesserungsmöglichkeiten.

Ich versuche, eine Balance zwischen Arbeit und Privatleben herzustellen, um mental stabil zu bleiben.

Ich akzeptiere, dass Fehler Teil meines Lernprozesses sind, und gehe bewusst mit ihnen um.

Ich suche den Austausch mit anderen Lernbegleiter*innen, um von ihren Erfahrungen zu lernen.

Ich gebe den Schüler*innen Raum, eigene Entscheidungen zu treffen und begleite sie, wenn sie Unterstützung benötigen.

Ich biete Materialien und Aufgaben an, die den Interessen der Schüler*innen entsprechen und sie motivieren, eigenständig zu arbeiten.

Ich stelle meinen Schüler*innen (selbsterklärende) Materialien zu den laut Kernlehrplan obligatorischen Inhaltsfeldern zur Verfügung.

Ich stelle offene Fragen, um die Selbstreflexion der Schüler*innen anzuregen und ihnen zu helfen, ihre eigenen Lösungen zu finden.

Ich zeige Wertschätzung für eigenständige Arbeitsprozesse und ermutige die Schüler*innen, Verantwortung für ihr Lernen zu übernehmen.

Ich unterstütze die Schüler*innen dabei, persönliche Ziele zu setzen und ihre Fortschritte regelmäßig selbst zu überprüfen.

Ich schaffe eine Umgebung, in der Fehler als Lernchancen betrachtet werden, damit die Schüler*innen mutig neue Wege ausprobieren können.

Ich ermögliche es den Schüler*innen, ihre Vorhaben eigenständig zu strukturieren und Prioritäten zu setzen.

Ich biete den Schüler*innen Feedback an, das sich auf ihre Prozesse und Stärken konzentriert, anstatt nur die Ergebnisse zu bewerten.

Ich moderiere Gruppendiskussionen, damit die Schüler*innen lernen, selbstständig ihre Meinung zu vertreten und gemeinsam Entscheidungen zu treffen.

Ich lasse den Schüler*innen Zeit, ihre eigenen Strategien zur Problemlösung zu entwickeln, bevor ich eingreife.

ICH FÖRDERE DIE EMOTIONAL–SOZIALE KOMPETENZ

Ich unterstütze die Schüler*innen dabei, ihre Gefühle zu benennen und auszudrücken, indem ich ihnen eine wertschätzende und offene Kommunikation vorlebe.

Ich biete regelmäßige Reflexionsrunden an, in denen die Schüler*innen ihre Erfahrungen teilen und gemeinsam Lösungen für Konflikte finden können.

Ich gebe den Schüler*innen Raum, um Verantwortung für ihre Handlungen zu übernehmen, und begleite sie in der Entwicklung von Empathie.

Ich ermutige die Schüler*innen, ihre Stärken und die ihrer Mitschüler*innen zu erkennen und anzuerkennen.

Ich moderiere Konflikte und leite die Schüler*innen an, konstruktive Gespräche zu führen und Kompromisse zu finden.

Ich schaffe eine Umgebung, in der sich jede*r sicher und respektiert fühlt, indem ich auf klare und faire Regeln achte.

Ich biete Übungen und Spiele an, die den Teamgeist fördern und das Gemeinschaftsgefühl stärken.

Ich unterstütze die Schüler*innen dabei, eigene Ziele zu setzen und Schritte zu deren Erreichung zu planen.

Ich bin ein Vorbild für achtsames Zuhören und respektvollen Umgang und zeige, wie man sich in andere hineinversetzen kann.

Ich gebe den Schüler*innen konstruktives Feedback, das sie dazu ermutigt, aus Fehlern zu lernen und sich weiterzuentwickeln.

Ich nehme mir bewusst Zeit, den individuellen Bedürfnissen und Gefühlen der Schüler*innen zuzuhören, ohne zu urteilen.

Ich reflektiere regelmäßig meine eigenen Emotionen, um ein besseres Verständnis für die Gefühle anderer zu entwickeln.

Ich versetze mich aktiv in die Perspektive der Schüler*innen, um ihre Herausforderungen und Wünsche besser zu verstehen.

Ich beobachte aufmerksam das Verhalten der Schüler*innen, um nonverbale Signale und Stimmungen zu erkennen.

Ich frage nach, wenn ich unsicher bin, wie sich ein*e Schüler*in fühlt, und zeige echtes Interesse an seiner/ ihrer Antwort.

Ich übe mich in Geduld, um den Schüler*innen den Raum zu geben, ihre Gedanken und Gefühle auszudrücken.

Ich suche regelmäßig den Austausch mit Kolleg*innen, um von deren Erfahrungen und Perspektiven zu lernen.

Ich biete den Schüler*innen Unterstützung an, ohne sie zu bevormunden, und respektiere ihre Eigenständigkeit.

Ich arbeite daran, meine Vorurteile zu hinterfragen, um allen Schüler*innen unvoreingenommen zu begegnen.

Ich lese Bücher oder höre Vorträge, die meine Fähigkeit stärken, die Vielfalt menschlicher Emotionen zu verstehen.

Ich nehme regelmäßig an Fortbildungen oder Workshops teil, die den Schwerpunkt auf soziale und emotionale Kompetenzen legen.

Ich schaffe eine Atmosphäre des Vertrauens, indem ich offen und authentisch mit meinen eigenen Gefühlen umgehe.

Ich nehme mir Zeit, positive Beziehungen zu den Schüler*innen aufzubauen, um eine tiefere Verbindung zu ermöglichen.

Ich übe mich darin, aktiv zuzuhören und meine Aufmerksamkeit vollständig auf mein Gegenüber zu richten.

Ich reflektiere schwierige Interaktionen, um daraus zu lernen und mich weiterzuentwickeln.

Ich bilde mich regelmäßig durch Fortbildungen und Workshops weiter, die speziell auf aktuelle didaktische Ansätze ausgerichtet sind.

Ich lese Fachliteratur und pädagogische Studien, um meine Methoden und mein Wissen auf dem neuesten Stand zu halten.

Ich tausche mich mit Kolleg*innen und anderen Pädagog*innen aus, um neue Perspektiven und Ansätze kennenzulernen.

Ich reflektiere meine Unterrichtspraxis und suche gezielt nach Verbesserungsmöglichkeiten, um den individuellen Bedürfnissen der Schüler*innen gerecht zu werden.

Ich nutze Feedback von Schüler*innen, Eltern und Kolleg*innen, um meine fachliche und didaktische Arbeit zu optimieren.

Ich integriere moderne Technologien und Materialien in den Unterricht, um die Lernerfahrungen der Schüler*innen zu bereichern.

Ich beobachte die Schüler*innen genau, um ihre Interessen und Lernfortschritte zu verstehen und mein Angebot entsprechend anzupassen.

Ich plane interdisziplinäre Projekte, um den Schüler*innen Verbindungen zwischen verschiedenen Fächern aufzuzeigen und mein eigenes Wissen zu erweitern.

Ich dokumentiere meinen Unterricht und analysiere, welche Methoden und Materialien besonders erfolgreich sind, um daraus zu lernen.

Ich gebe den Schüler*innen individuelles Feedback, das ihre Stärken hervorhebt und konkrete Verbesserungsvorschläge bietet.

Ich führe regelmäßige Lernentwicklungsgespräche, um gemeinsam mit den Schüler*innen Ziele zu setzen und ihre Fortschritte zu reflektieren.

Ich nutze Portfolios, in denen die Schüler*innen ihre Arbeiten sammeln und selbstständig ihre Entwicklung dokumentieren.

Ich ermögliche den Schüler*innen Peer-Feedback, indem sie gegenseitig ihre Arbeiten bewerten und voneinander lernen.

Ich beobachte die Schüler*innen im Arbeitsprozess und notiere ihre individuellen Fortschritte, um sie gezielt zu fördern.

Ich setze kreative Bewertungsmethoden wie Lernplakate, Präsentationen oder Projekte ein, die den unterschiedlichen Talenten der Schüler*innen gerecht werden.

Ich gestalte Feedbackgespräche wertschätzend und motivierend, um die Freude am Lernen zu stärken.

Ich biete den Schüler*innen regelmäßig die Möglichkeit zur Selbsteinschätzung, damit sie ihre eigenen Lernfortschritte reflektieren können.

Ich kombiniere klassische Bewertungsmethoden wie Lernerfolgskontrollen mit alternativen Methoden, um ein ganzheitliches Bild der Leistungen zu erhalten.

Ich unterstütze die Schüler*innen dabei, Verantwortung für ihren eigenen Lernprozess zu übernehmen, indem ich sie aktiv in die Bewertung einbeziehe (z.B. Selbstreflexion, gemeinsame Zielvereinbarungen etc.)

Ich stelle mich auf die individuellen Bedürfnisse und Lernstile meiner Schüler*innen ein, indem ich unterschiedliche Methoden und Materialien anbiete.

Ich beobachte aufmerksam die Fortschritte und Herausforderungen der Schüler*innen, um mein Vorgehen flexibel anzupassen.

Ich reflektiere regelmäßig mein eigenes Verhalten und meine Strategien, um gezielt Anpassungen vorzunehmen.

Ich suche aktiv nach neuen Ideen und Ansätzen, um den Unterricht interessant und motivierend zu gestalten.

Ich ermutige die Schüler*innen, eigenständig zu arbeiten, und begleite sie bei Bedarf individuell.

Ich lasse Raum für spontane Lernmomente und gehe flexibel auf aktuelle Interessen der Schüler*innen ein.

Ich passe meine Rolle als Begleiter*in an, indem ich je nach Situation entweder unterstütze, anleite oder mich zurückhalte.

Ich fördere eine offene Kommunikation mit Schüler*innen, Eltern und Kolleg*innen, um flexibel auf Wünsche und Vorschläge reagieren zu können.

Ich bleibe neugierig und bereit, von den Schüler*innen und ihren Ansätzen zu lernen.

Ich priorisiere das Wohl der Schüler*innen, indem ich flexibel auf emotionale oder soziale Herausforderungen reagiere.

Ich ermögliche den Schüler*innen Zugang zu internationalen Projekten, bei denen sie mit Gleichaltrigen aus anderen Ländern zusammenarbeiten können.

Ich biete Materialien und Themen an, die verschiedene Kulturen, Sprachen und Perspektiven einbeziehen.

Ich organisiere Exkursionen oder virtuelle Reisen, die den Schüler*innen Einblicke in unterschiedliche Lebenswelten geben.

Ich lade Gäste aus verschiedenen Kulturen ein, um ihre Erfahrungen und Traditionen mit den Schüler*innen zu teilen.

Ich rege Diskussionen über globale Themen wie Klimawandel, soziale Gerechtigkeit oder Frieden an und ermögliche den Schüler*innen, Lösungen aus einer weltweiten Perspektive zu erarbeiten.

Ich unterstütze die Schüler*innen dabei, Fremdsprachen zu lernen, um ihre Kommunikationsfähigkeiten und interkulturellen Kompetenzen zu stärken.

Ich arbeite mit den Schüler*innen daran, Vorurteile abzubauen und Empathie gegenüber Menschen mit anderen kulturellen Hintergründen zu entwickeln.

Ich nutze Literatur, Filme und Kunst aus aller Welt, um den Horizont der Schüler*innen zu erweitern und sie für kulturelle Vielfalt zu sensibilisieren.

Ich ermutige die Schüler*innen, an internationalen Wettbewerben oder Programmen wie Schüleraustausch teilzunehmen.

Ich biete Raum für Reflexion, damit die Schüler*innen ihre eigenen kulturellen Prägungen erkennen und mit anderen vergleichen können.

Ich unterstütze die Schüler*innen, indem ich ihnen helfe, eigene Lernziele zu formulieren und diese strukturiert zu verfolgen.

Ich biete regelmäßig Feedback an, um die Selbstreflexion der Schüler*innen über ihren Lernprozess zu fördern.

Ich stelle abwechslungsreiche Materialien bereit, die den unterschiedlichen Lernniveaus und Interessen der Schüler*innen gerecht werden.

Ich schaffe eine Umgebung, in der sich die Schüler*innen sicher und motiviert fühlen, eigene Entscheidungen zu treffen.

Ich beobachte die Schüler*innen aufmerksam, um ihre individuellen Bedürfnisse und Potenziale zu erkennen.

Ich leite die Schüler*innen an, effektive Lernstrategien zu entwickeln und anzuwenden.

Ich ermögliche es den Schüler*innen, ihre Arbeit in ihrem eigenen Tempo zu erledigen und respektiere ihre individuellen Lernwege.

Ich organisiere regelmäßige Gespräche, um gemeinsam mit den Schüler*innen Fortschritte und Herausforderungen zu besprechen.

Ich fördere die Zusammenarbeit zwischen den Schüler*innen, damit sie voneinander lernen und sich gegenseitig unterstützen können.

Ich bin für die Schüler*innen da, wenn sie Hilfe benötigen, ohne ihnen Lösungen vorzugeben, um ihre Eigenständigkeit zu stärken.

Ich ermutige die Schüler*innen, Verantwortung für ihren eigenen Lernprozess zu übernehmen.

Ich biete alternative Aufgaben und Herangehensweisen an, um die unterschiedlichen Lernstile anzusprechen.

Ich motiviere die Schüler*innen, ihre Interessen zu entdecken und diese in ihre Lernprojekte einzubringen.

Ich gebe den Schüler*innen Raum, um ihre Kreativität und Eigeninitiative auszuleben.

Ich achte darauf, dass jede*r Schüler*in Wertschätzung für ihre oder seine Anstrengungen erfährt.

Ich schaffe eine unterstützende Lernumgebung, in der Schüler*innen sich gegenseitig respektieren und ermutigen.

Ich stelle offene Aufgaben, die nur durch Zusammenarbeit effektiv gelöst werden können.

Ich organisiere regelmäßige Gruppenprojekte, bei denen jede Person eine spezifische Rolle übernimmt.

Ich moderiere Reflexionsrunden, in denen die Gruppen ihre Zusammenarbeit evaluieren und verbessern können.

Ich biete Werkzeuge und Strategien an, um effektive Kommunikation und Konfliktlösung in der Gruppe zu fördern.

Ich beobachte die Gruppenarbeit und gebe individuelles Feedback, um die Lernprozesse zu unterstützen.

Ich ermögliche den Austausch von Ideen und Perspektiven, indem ich die Schüler*innen ermutige, sich gegenseitig zu unterrichten.

Ich nutze digitale Plattformen, um kollaboratives Arbeiten auch außerhalb des Klassenzimmers zu fördern.

Ich leite Diskussionen und Debatten an, um das kritische Denken in der Gruppe zu fördern.

Ich inspiriere die Schüler*innen, sich gegenseitig zu motivieren und gemeinsam Erfolge zu feiern.

Ich nehme mir Zeit, um jedem*r Schüler*in aktiv zuzuhören und auf seine/ihre Ideen einzugehen.

Ich ermutige meine Schüler*innen, ihre Gedanken und Fragen offen auszusprechen.

Ich stelle gezielte Fragen, die meine Schüler*innen zum Nachdenken und zum Austausch anregen.

Ich biete den Schüler*innen Möglichkeiten, in Gruppen an Projekten zu arbeiten und dabei ihre Kommunikationsfähigkeiten zu entwickeln.

Ich gebe konstruktives Feedback, das die Schüler*innen motiviert, sich weiter auszudrücken.

Ich unterstütze die Schüler*innen dabei, Konflikte durch respektvollen Dialog zu lösen (z.B. GfK).

Ich schaffe eine Atmosphäre, in der sich meine Schüler*innen sicher fühlen, ihre Meinung zu teilen.

Ich moderiere Diskussionen, um sicherzustellen, dass alle Schüler*innen die Chance haben, sich zu beteiligen.

Ich zeige durch mein eigenes Verhalten, wie respektvolle und wertschätzende Kommunikation aussieht.

Ich lasse die Schüler*innen regelmäßig Präsentationen halten, um ihre Ausdrucksfähigkeit zu stärken.

Ich gestalte den Unterricht so, dass die Schüler*innen die Freiheit haben, eigene Projekte und Ideen zu entwickeln.

Ich stelle offene Fragen, die zum Nachdenken und zur kreativen Problemlösung anregen.

Ich schaffe eine Umgebung, in der Fehler als Lernchancen gesehen werden, um eine angstfreie Atmosphäre zu fördern.

Ich stelle vielfältige Materialien und Werkzeuge bereit, die die Schüler*innen zu kreativen Experimenten einladen.

Ich unterstütze die Schüler*innen dabei, ihre Interessen und Talente zu entdecken und weiterzuentwickeln.

Ich ermutige die Schüler*innen, über den Tellerrand zu schauen und interdisziplinäre Verbindungen herzustellen.

Ich gebe den Schüler*innen Raum und Zeit, um ihre Ideen in Ruhe zu entwickeln und umzusetzen.

Ich feiere und würdige kreative Ansätze und innovative Lösungen in der Klasse.

Ich bringe reale Probleme oder Herausforderungen in den Unterricht ein, die die Schüler*innen mit innovativen Ansätzen lösen können.

Ich arbeite eng mit den Schüler*innen zusammen, um ihre Visionen in konkrete Projekte zu verwandeln.

Ich nutze Kunst, Musik und andere kreative Ausdrucksformen, um neue Denkweisen zu fördern.

Ich biete Inspiration durch Geschichten von Erfinder*innen, Künstler*innen und innovativen Denker*innen der Vergangenheit und Gegenwart.

Ich gebe den Schüler*innen die Möglichkeit, ihre Ideen vorzustellen und gemeinsam mit anderen weiterzuentwickeln.

Ich achte darauf, dass die Schüler*innen sich sicher und wertgeschätzt fühlen, um mutige, kreative Ideen zu äußern.

Ich reflektiere regelmäßig mit den Schüler*innen über ihre Lernprozesse und unterstütze sie dabei, ihre Kreativität bewusst weiterzuentwickeln.

Ich stelle offene Fragen, die die Schüler*innen dazu anregen, verschiedene Perspektiven zu betrachten und eigene Lösungen zu entwickeln.

Ich schaffe eine Lernumgebung, in der Fehler als Lernchancen gesehen werden, damit die Schüler*innen selbstbewusst ausprobieren und reflektieren können.

Ich gebe den Schüler*innen die Möglichkeit, reale Probleme zu analysieren und kreative Lösungsansätze zu erarbeiten.

Ich unterstütze die Schüler*innen dabei, ihre Argumente zu formulieren und kritisch zu hinterfragen, um fundierte Entscheidungen zu treffen.

Ich nutze Beispiele aus dem Alltag oder der Gesellschaft, um die Relevanz des kritischen Denkens und Problemlösens zu verdeutlichen.

Ich ermögliche es den Schüler*innen, in Gruppen zu arbeiten, damit sie lernen, unterschiedliche Meinungen zu diskutieren und gemeinsam Entscheidungen zu treffen.

Ich leite die Schüler*innen an, Recherchemethoden zu verwenden und Informationen kritisch zu prüfen, bevor sie diese nutzen.

Ich ermutige die Schüler*innen, Hypothesen aufzustellen und Experimente durchzuführen, um ihre Annahmen zu überprüfen.

Ich gebe gezieltes Feedback, das die Schüler*innen motiviert, weiterzudenken und ihre Lösungswege zu optimieren.

Ich vermittle Werkzeuge wie Mindmaps oder Problemlösungsstrategien, die den Schüler*innen helfen, systematisch an Herausforderungen heranzugehen.

Ich zeige täglich Neugier und Freude daran, neue Dinge zu lernen, und lasse meine Schüler*innen daran teilhaben.

Ich besuche regelmäßig Fortbildungen und teile meine neuen Erkenntnisse mit den Schüler*innen.

Ich lese in meiner Freizeit Fachbücher oder Artikel und diskutiere interessante Themen mit meiner Lerngruppe.

Ich suche aktiv nach Lösungen für Herausforderungen im Unterricht, um meine Methoden zu verbessern.

Ich zeige, wie ich digitale Werkzeuge nutze, um mein Wissen zu erweitern und effizienter zu arbeiten.

Ich stelle Fragen und suche gemeinsam mit den Schüler*innen nach Antworten, anstatt so zu tun, als wüsste ich alles.

Ich reflektiere regelmäßig meine Arbeit und setze mir Ziele, um mich weiterzuentwickeln.

Ich teile meine eigenen Lernerfahrungen und erkläre, wie ich mit Rückschlägen umgehe.

Ich engagiere mich in Projekten oder Hobbys, die meine Begeisterung fürs Lernen verdeutlichen.

Ich lade Expert*innen ein oder nehme an Exkursionen teil, um von anderen zu lernen und neue Perspektiven zu entdecken.

Ich schaffe eine Umgebung, in der die Schüler*innen selbstständig Arbeitspläne erstellen und Prioritäten setzen können.

Ich zeige meinen Schüler*innen die unterschiedlichen Formen von Lernstilen auf.

Ich gebe Schüler*innen in Fortbildungen bewusst unterschiedlichste Lernstrategien an die Hand.

Ich leite die Schüler*innen an, verschiedene Lernstrategien auszuprobieren und herauszufinden, welche für sie am besten funktionieren.

Ich unterstütze die Schüler*innen dabei, sich realistische Ziele zu setzen und diese in kleinere, erreichbare Schritte zu unterteilen. (SMART - Ziele)

Ich nutze die SMART Methode, um meine eigenen Ziele zu definieren.

Ich ermutige die Schüler*innen, regelmäßig über ihren Lernprozess nachzudenken und sich selbst zu reflektieren.

Ich stelle Materialien und Ressourcen bereit, die die Neugier wecken und eigenverantwortliches Lernen fördern.

Ich zeige den Schüler*innen, wie sie mit digitalen Tools und globalen Informationen effektiv arbeiten können.

Ich vermittle den Schüler*innen, wie sie durch Teamarbeit und Austausch neue Perspektiven gewinnen können.

Ich moderiere Gruppengespräche, in denen die Schüler*innen voneinander lernen und ihre Erkenntnisse teilen können.

Ich gebe konstruktives Feedback, das die Schüler*innen motiviert, ihre Lernprozesse zu verbessern.

Ich ermutige die Schüler*innen, Fragen zu stellen und selbst nach Antworten zu suchen, um ihre Problemlösekompetenz zu stärken.

Ich begleite die Schüler*innen dabei, ihre Zeit realistisch einzuteilen und Pausen gezielt zu nutzen.

Ich helfe den Schüler*innen, ihre Stärken und Schwächen zu erkennen und daraus individuelle Lernstrategien zu entwickeln.

Ich vermittele den Schüler*innen, wie sie mit Rückschlägen umgehen und daraus lernen können.

Ich rege an, dass die Schüler*innen globale Themen in ihre Projekte einfließen lassen, um ein Verständnis für Zusammenhänge zu entwickeln.

Ich fordere die Schüler*innen auf, ihre eigenen Fortschritte zu dokumentieren und darauf aufzubauen.

Ich gestalte Lernprojekte, bei denen die Schüler*innen digitale Medien kreativ und kritisch einsetzen können.

Ich zeige den Schüler*innen, wie sie seriöse Quellen im Internet recherchieren und bewerten können.

Ich fördere die Erstellung eigener digitaler Inhalte, wie Präsentationen, Podcasts oder Videos, um ihre Medienproduktion zu stärken.

Ich ermögliche den Schüler*innen, sich in geschützten Online-Räumen auszutauschen und kollaborativ zu arbeiten.

Ich sensibilisiere die Schüler*innen für Datenschutz, Urheberrecht und ethisches Verhalten im Netz.

Ich integriere digitale Tools in den Unterricht, um interaktive und abwechslungsreiche Lernmethoden zu fördern.

Ich unterstütze die Schüler*innen dabei, Fake News zu erkennen und kritisch mit Informationen umzugehen.

Ich begleite sie beim Erlernen von Grundkenntnissen in Programmierung und digitaler Problemlösung.

Ich schaffe Raum für Diskussionen über die Auswirkungen digitaler Medien auf Gesellschaft und persönliche Beziehungen.

Ich stelle sicher, dass die Schüler*innen verstehen, wie sie Medien bewusst und reflektiert konsumieren können.

Ich unterstütze die Schüler*innen dabei, ihre eigenen Stärken zu erkennen und gezielt einzusetzen.

Ich höre den Schüler*innen aufmerksam zu, um ihre individuellen Bedürfnisse und Ziele besser zu verstehen.

Ich helfe den Schüler*innen, realistische Ziele zu setzen und Schritt für Schritt daran zu arbeiten.

Ich ermutige die Schüler*innen, eigene Entscheidungen zu treffen und aus Erfahrungen zu lernen.

Ich stelle den Schüler*innen offene Fragen, um ihr kritisches Denken und ihre Problemlösungsfähigkeit zu fördern.

Ich biete der Schüler*innen Feedback an, das ihnen hilft, ihre Fortschritte zu reflektieren und weiterzuentwickeln.

Ich begleite die Schüler*innen in schwierigen Situationen und zeige ihnen Möglichkeiten auf, wie sie Herausforderungen bewältigen können.

Ich ermutige die Schüler*innen, eigenverantwortlich zu handeln und Verantwortung für ihr Lernen zu übernehmen.

Ich gebe den Schüler*innen Raum und Zeit, um ihre eigenen Lösungswege zu finden.

Ich inspiriere die Schüler*innen dazu, ihre Potenziale zu entfalten und ihren eigenen Weg zu gehen.

Ich stelle einen respektvollen und wertschätzenden Umgang miteinander her.

Ich unterstütze die Schüler*innen dabei, ihre Interessen und Leidenschaften zu entdecken und zu vertiefen.

Ich motiviere die Schüler*innen, auch in schwierigen Zeiten an sich selbst zu glauben.

Ich begleite die Schüler*innen mit Geduld und Empathie auf ihrem individuellen Lernweg.

Ich schaffe eine Umgebung, in der sich die Schüler*innen sicher fühlen, ihre Ideen zu äußern und Neues auszuprobieren.

Ich reflektiere regelmäßig meine Lehrmethoden, um deren Wirksamkeit zu bewerten und neue Ansätze zu integrieren.

Ich nehme an Fortbildungen und Workshops teil, um innovative Lehrmethoden und pädagogische Konzepte kennenzulernen.

Ich tausche mich mit Kolleg*innen über bewährte Praktiken und neue Ideen aus, um meine Perspektive zu erweitern.

Ich beobachte meine Schüler*innen genau, um ihre individuellen Bedürfnisse und Lernstile besser zu verstehen und meine Methoden anzupassen.

Ich lese Fachliteratur und pädagogische Studien, um mein Wissen über verschiedene Lehransätze zu vertiefen.

Ich experimentiere mit kreativen Materialien und digitalen Tools, um den Unterricht abwechslungsreicher zu gestalten.

Ich suche nach Feedback von Schüler*innen, um zu erfahren, welche Methoden ihnen beim Lernen am meisten helfen.

Ich plane regelmäßig Projekte, die interdisziplinäres und praktisches Lernen ermöglichen, um die Interessen der Schüler*innen zu fördern.

Ich beobachte andere Lernbegleiter*innen in ihrem Unterricht, um neue Inspiration und Ansätze zu erhalten.

Ich achte bewusst darauf, eine Balance zwischen emotionaler Nähe und professioneller Distanz zu wahren, um den Schüler*innen sowohl Unterstützung als auch Eigenverantwortung zu ermöglichen.

Ich reflektiere regelmäßig mein eigenes Verhalten und frage mich, ob meine Nähe zum/zur Schüler*in seine/ihre Selbstständigkeit fördert oder behindert.

Ich nehme mir Zeit, um die individuellen Bedürfnisse und Grenzen der Schüler*innen zu erkennen und respektiere diese, auch wenn sie von meinen Vorstellungen abweichen.

Ich überprüfe nach Gesprächen oder Konfliktsituationen, ob ich meine Haltung der Wertschätzung und Neutralität beibehalten habe.

Ich lasse mir Feedback von Schüler*innen und Kolleg*innen geben, um besser zu verstehen, wie meine Art der Beziehungsgestaltung wahrgenommen wird.

Ich dokumentiere besondere Interaktionen mit Schüler*innen, um Muster zu erkennen und daraus zu lernen.

Ich suche gezielt den Austausch mit erfahrenen Kolleg*innen, um von deren Strategien zur Wahrung von Nähe und Distanz zu profitieren.

Ich kläre für mich, welche Situationen potenziell dazu führen könnten, dass ich zu viel Nähe oder Distanz aufbaue, und entwickle Strategien, um dies zu vermeiden.

Ich achte auf meine Sprache und meinen Tonfall, um stets respektvoll und klar zu kommunizieren.

Ich reflektiere mein eigenes Rollenverständnis als Lernbegleiter*in und überlege, ob ich den Schüler*innen genügend Raum zur Entfaltung gebe.

Ich setze bewusst Grenzen, wenn ich merke, dass meine persönliche Energie durch eine zu enge Bindung beeinträchtigt wird.

Ich schaffe Gelegenheiten, um gemeinsam mit Schüler*innen Erfolge zu feiern, ohne dabei meine professionelle Rolle zu verlassen.

Ich nehme meine eigenen Emotionen wahr und hinterfrage, wie sie mein Verhalten gegenüber den Schüler*innen beeinflussen könnten.

Ich arbeite kontinuierlich daran, Vertrauen aufzubauen, ohne dabei die Verantwortung der Schüler*innen für ihr eigenes Lernen zu untergraben.

Ich stelle mir nach jeder Unterrichtseinheit die Frage, was gut gelaufen ist und was ich beim nächsten Mal anders machen könnte.

Ich suche regelmäßig das Gespräch mit Kolleg*innen, um Feedback zu meiner Arbeit zu erhalten und daraus zu lernen.

Ich hinterfrage meine Haltung gegenüber Schüler*innen, um sicherzustellen, dass ich sie respektvoll und individuell begleite.

Ich analysiere schwierige Situationen, um herauszufinden, welche meiner Reaktionen angemessen waren und welche verbessert werden können.

Ich bitte Schüler*innen regelmäßig um Feedback, um zu verstehen, wie sie meinen Unterricht wahrnehmen.

Ich lasse mir Zeit, über kritisches Feedback nachzudenken, bevor ich darauf reagiere.

Ich suche aktiv nach Möglichkeiten, meine eigenen Vorurteile zu erkennen und abzubauen.

Ich nehme mir bewusst Zeit, meine Gefühle und Gedanken nach intensiven Arbeitstagen zu reflektieren.

Ich dokumentiere konkrete Beispiele für meine Erfolge und Herausforderungen, um meine Entwicklung über die Zeit nachvollziehen zu können.

Ich arbeite daran, meine eigenen Fehler als Chance für persönliches Wachstum zu betrachten.

Ich schaffe eine vorbereitete Umgebung, in der die Schüler*innen Zugang zu vielfältigen Materialien haben, die ihrem individuellen Lernstand entsprechen.

Ich beobachte die Schüler*innen aufmerksam, um ihre Interessen und Bedürfnisse besser zu verstehen und darauf eingehen zu können.

Ich gebe den Schüler*innen die Freiheit, ihr eigenes Lerntempo zu bestimmen und selbstständig Entscheidungen über ihre Lernziele zu treffen.

Ich stelle offene Fragen, die die Schüler*innen dazu anregen, über ihre eigenen Lernprozesse nachzudenken.

Ich biete Orientierungshilfen an, ohne Lösungen vorzugeben, um die Autonomie der Schüler*innen zu fördern.

Ich unterstütze die Schüler*innen dabei, sich eigene, realistische Ziele zu setzen und diese regelmäßig zu reflektieren.

Ich ermutige die Schüler*innen, aus Fehlern zu lernen und betone den Wert des Lernprozesses über das Ergebnis.

Ich gebe den Schüler*innen regelmäßiges Feedback, das sie motiviert und ihnen hilft, ihre Stärken und Herausforderungen besser zu erkennen.

Ich fördere den Austausch zwischen den Schüler*innen, damit sie voneinander lernen und sich gegenseitig unterstützen können.

Ich nehme mich als (autoritäre) Lehrperson zurück und wirke stattdessen als Lernbegleiter*in, der/die die Selbstständigkeit stärkt.

Ich helfe den Schüler*innen, Werkzeuge für die Organisation ihres Lernens zu entwickeln, wie Arbeits- oder Lernpläne, Tagebücher etc.

Ich schaffe Raum für selbstgesteuerte Projekte, in denen die Schüler*innen ihre Interessen vertiefen können.

<table>
<tr><td></td><td></td><td></td><td></td><td></td><td></td><td></td><td></td><td></td><td></td></tr>
</table>

Ich motiviere die Schüler*innen, ihre eigenen Lernerfolge zu dokumentieren und zu präsentieren.

<table>
<tr><td></td><td></td><td></td><td></td><td></td><td></td><td></td><td></td><td></td><td></td></tr>
</table>

Ich reflektiere regelmäßig meine eigene Rolle und mein Verhalten, um sicherzustellen, dass ich die Selbstregulation der Schüler*innen optimal unterstütze.

<table>
<tr><td></td><td></td><td></td><td></td><td></td><td></td><td></td><td></td><td></td><td></td></tr>
</table>

DEINE ZWISCHENBILANZ

Welche Bereiche beherrschst du bereits gut?

In welchem Bereich siehst du deine große Stärke?

In welchen Bereichen siehst du bei dir Entwicklungspotenzial?

In welchem Bereich würdest du deine Fähigkeiten gern ausbauen? Worauf hast du Lust? Warum?

Wo siehst du Entwicklungspotenzial, würdest diesen Bereich aber nur ungern angehen? Warum?

Deine Antworten unterstützen dich dabei, deine Überlegungen zu ordnen und eine Zwischenbilanz nach dem Ausfüllen des Selbstreflexionsbogens zu ziehen.

Der nun folgende Fragenkatalog soll dir helfen, dich intensiv mit deiner beruflichen Praxis auseinanderzusetzen. Dabei geht es nicht darum, jede einzelne Frage penibel zu beantworten oder dich durch die Liste zu „arbeiten". Viel wichtiger ist, dass du dich auf den Weg machst und dich offen und neugierig mit den Themen auseinandersetzt.

Selbstreflexion ist ein persönlicher Prozess, der Zeit und Raum braucht – und den du nach deinem eigenen Tempo gestalten kannst. Um dir den Einstieg zu erleichtern, findest du hier einige Anregungen, wie du die Fragen kreativ und flexibel nutzen kannst:

Fragen im Glas sammeln: Schneide die Fragen aus, lege sie in ein Glas oder eine Box und ziehe regelmäßig eine Frage per Zufall.

Wochen-Challenge: Nimm dir jede Woche eine Frage vor und achte bewusst darauf, wie sie deinen Blick auf deinen Unterricht verändert.

Tandem-Arbeit: Suche dir eine Kollegin oder einen Kollegen und besprecht die Fragen gemeinsam. So bekommst du wertvolle Perspektiven von außen.

Thematische Bündel: Nutze die Vorsortierung der Fragen und widme dich einem Bereich nach dem anderen.

Schreibimpuls: Nutze die Fragen als Inspiration für Tagebucheinträge, in denen du deine Gedanken frei formulierst.

Visualisierung: Anstatt die Frage schriftlich zu beantworten, male, skizziere oder erstelle eine Mindmap, die deine Reflexion wiedergibt.

Austausch in der Gruppe: Gründe eine kleine Reflexionsrunde mit Kolleg*innen, in der ihr euch regelmäßig zu einer Frage austauscht.

Natur und Ruhe: Nimm dir eine Frage mit in die Natur oder an einen ruhigen Ort und lass die Gedanken fließen, ohne sofort alles aufzuschreiben.

Fragen sichtbar machen: Schreibe eine Frage auf eine Karte und hänge sie an einen Platz, den du täglich siehst – so bleibt sie präsent.

Experimentieren: Probiere etwas aus, das dir beim Nachdenken über die Frage in den Sinn kommt, und beobachte, wie es deinen Unterricht beeinflusst.

Monatliche Reflexion: Wähle jeden Monat eine zentrale Frage, die dich begleiten soll, und reflektiere am Monatsende, was du gelernt hast.

Wichtig ist also nicht, wie viele Fragen du beantwortest, sondern dass du dir Zeit nimmst, dich mit deiner Rolle als Lehrkraft auseinanderzusetzen. Auch kleine Schritte können große Veränderungen bewirken. Lass dich inspirieren und finde deinen eigenen Weg, diese Fragen für dich zu nutzen.

Welche Unterrichtsstrategien funktionieren gut in meiner Lerngruppe und warum?

Wie fördere ich die aktive Beteiligung aller Schüler*innen im Unterricht?

Wie gestalte ich meinen Unterricht, um den unterschiedlichen Lernbedürfnissen gerecht zu werden?

Welche Rolle spielt Differenzierung in meinem Unterricht? Wie setze ich das konkret um?

Welche Methoden könnte ich ausprobieren, um den Unterricht noch spannender und relevanter zu gestalten?

Welche Materialien oder Medien setze ich im Unterricht ein, und wie wirksam sind sie?

Wie überprüfe ich, ob meine Schüler*innen die Lernziele tatsächlich erreichen?

Wie kann ich den Transfer von theoretischem Wissen in die Praxis besser unterstützen?

Welche neuen didaktischen Ansätze könnte ich ausprobieren?

Wie gestalte ich Phasen der Wiederholung und Festigung im Unterricht?

Wie beziehe ich die Interessen und das Vorwissen der Schüler*innen in meinen Unterricht ein?

Wie gehe ich mit unterschiedlichen Lerngeschwindigkeiten in meiner Lerngruppe um?

Welche Rolle spielt Kreativität in meinem Unterricht, und wie fördere ich sie?

Wie strukturiere ich komplexe Themen, damit sie für die Schüler*innen verständlich werden?

Wie kann ich die Selbstständigkeit und Eigenverantwortung der Schüler*innen optimal fördern?

Welche Methoden nutze ich, um die Schüler*innen gut auf Prüfungen vorzubereiten?

Wie schaffe ich eine Balance zwischen der Freiheit der Schüler*innen und den schulischen und curricularen Anforderungen?

Welche Prinzipien sind mir in der Gestaltung meines Unterrichts besonders wichtig?

Wie kann ich die Berufsorientierung und praktische Lebenskompetenzen sinnvoll in meinen Unterricht einbinden?

Wie fördere ich die Fähigkeit der Schüler*innen zur Selbsteinschätzung und Reflexion über ihren Lernprozess?

Wie integriere ich strukturierte und vorbereitete Lernmaterialien, um den Bedürfnissen der Schüler*innen gerecht zu werden?

Wie trage ich zur Entwicklung eines positiven Klassenklimas bei?

Wie gehe ich mit Herausforderungen im Verhalten einzelner Schüler*innen um?

Wie schaffe ich es, Schüler*innen zu motivieren?

Was mache ich, um eine gute Beziehung zu meinen Schüler*innen aufzubauen?

Welche Signale sende ich meinen Schüler*innen? Wie nehmen sie mich wahr?

Wie reagiere ich auf Konflikte zwischen Schüler*innen?

Wie schaffe ich es, dass sich jede*r Schüler*in in der Klasse gesehen und wertgeschätzt fühlt?

Wie gehe ich mit Schüler*innen um, die den Unterricht stören oder destruktiv sind?

Welche Signale sende ich in schwierigen Situationen?

Wie fördere ich das Gemeinschaftsgefühl in meiner Lerngruppe?

Wie gehe ich mit Schüler*innen um, die nur schwer zu erreichen sind?

Was kann ich tun, um den Teamgeist innerhalb der Lerngruppe zu stärken?

Wie unterstütze ich Schüler*innen, die Schwierigkeiten im sozialen Umgang haben?

Welche Strategien setze ich ein, um die Disziplin zu bewahren, ohne autoritär – im Sinne von bedrohlich - zu wirken?

Wie reagiere ich auf Feedback oder Kritik von Schüler*innen?

Wie gestalte ich die Beziehungen zu meinen Schüler*innen, um ihnen ein Gefühl der Sicherheit und Zugehörigkeit zu vermitteln?

Wie unterstütze ich Schüler*innen, die Schwierigkeiten mit der Eigenverantwortung oder Selbstdisziplin haben?

Wie schaffe ich eine Atmosphäre, in der die Schüler*innen sich gegenseitig in ihrem Lernprozess unterstützen?

Wie erkenne ich die individuellen Herausforderungen und Stärken meiner Schüler*innen?

Welche Strategien nutze ich, um das soziale Miteinander in einer altersgemischten Gruppe zu fördern?

Wie kann ich die Schüler*innen aktiv in die Gestaltung des Classroom Managements und der Lernatmosphäre einbinden?

Welche Rolle spielt Feedback in meinem Unterricht? Wie erhalten meine Schüler*innen regelmäßig Rückmeldung?

Welche Rückmeldungen habe ich von Schüler*innen, Eltern oder Kolleg*innen erhalten, die mir besonders im Gedächtnis geblieben sind?

Welche Erfolge habe ich in den letzten Monaten erzielt? Was hat gut funktioniert?

Welche Ziele habe ich für meinen Unterricht in diesem Schuljahr?

Was ist mein größtes Lernziel als Lernbegleitung in diesem Jahr?

Welche Methoden nutze ich, um regelmäßiges Feedback von meinen Schüler*innen zu erhalten?

Wie schätze ich die Qualität meines eigenen Feedbacks ein?

Wie integriere ich das Feedback meiner Schüler*innen in meine Unterrichtsplanung?

Welche Rolle spielt Reflexion in meinem Unterrichtsalltag?

Welche Rolle spielt mein Feedback für meine Schüler*innen?

Wie gehe ich mit konstruktiver Kritik von Kolleg*innen um?

Welche Gewohnheiten habe ich entwickelt, um mich selbst regelmäßig zu reflektieren?

Welche Erfolge und Herausforderungen aus dem letzten Jahr möchte ich in Zukunft anders angehen?

Wie kann ich das Feedback meiner Schüler*innen besser in meinen Unterricht einfließen lassen?

Welche Feedback-Kultur wünsche ich mir in meiner Lerngruppe?

Welche Fehler habe ich gemacht, aus denen ich besonders viel gelernt habe?

Wie gebe ich den Schüler*innen regelmäßig die Möglichkeit zur Selbstreflexion über ihren Lernfortschritt?

Welche Rolle spielt mein Feedback für die Entwicklung der Eigenständigkeit und Selbstverantwortung der Schüler*innen?

Wie dokumentiere und reflektiere ich meine Beobachtungen zu den individuellen Lernwegen meiner Schüler*innen?

Wie kann ich das Feedback der Schüler*innen aktiv in die Unterrichtsplanung und Lernmaterialgestaltung einfließen lassen?

Welche Methoden nutze ich, um die Schüler*innen zu regelmäßiger Reflexion über ihre Leistungen anzuregen?

Welche Ansätze nutze ich, um sicherzustellen, dass die Schüler*innen kontinuierlich ihre eigenen Lernfortschritte überprüfen können?

Wie fördere ich die Bereitschaft der Schüler*innen zur Eigenreflexion und zum kontinuierlichen Feedback?

Welche Rolle spielt das Peer-Feedback unter Schüler*innen, und wie gestalte ich dieses konstruktiv?

FRAGEN ZU SELBSTMANAGEMENT UND ZEITPLANUNG

Wie organisiere ich meinen Unterricht und meine Vorbereitungszeit effektiv?

Wo liegt mein größter Zeitfresser im Schulalltag? Wie könnte ich das optimieren?

Was tue ich, um ein gesundes Gleichgewicht zwischen Arbeit und Freizeit zu halten?

Wie gehe ich mit Stresssituationen im Berufsalltag um?

Wie sieht meine persönliche Planung für Fortbildungen oder neue Herausforderungen aus?

Wie strukturiere ich meine Vorbereitungen für eine Unterrichtseinheit?

Welche Aufgaben delegiere ich, und welche übernehme ich selbst? Warum?

Welche täglichen Gewohnheiten helfen mir, den Unterricht effizient zu gestalten?

Wie nutze ich meine Pausen und freien Zeiten zur Erholung?

Was sind meine größten Ablenkungen bei der Arbeit? Wie gehe ich damit um?

Welche Techniken nutze ich, um meine Aufgaben zu priorisieren?

Wie plane ich meinen Arbeitsalltag, um genügend Raum für unerwartete Ereignisse zu lassen?

Was mache ich, um langfristig meine Energie und Motivation im Lehrerberuf zu bewahren?

Welche Rolle spielt Flexibilität in meiner Zeitplanung?

Wie strukturiere ich meine Wochenplanung und meine täglichen To-Do-Listen?

Wie organisiere ich die Vorbereitungen für eine Lernumgebung, die selbstbestimmtes Lernen unterstützt?

Wie strukturiere ich meinen Arbeitsalltag, um Raum für individuelle Beobachtungen und Feedbackrunden zu schaffen?

Welche Techniken nutze ich, um sicherzustellen, dass alle Schüler*innen genug Zeit für selbstreguliertes Lernen haben?

Wie integriere ich Phasen zur Vorbereitung der Lernumgebung, um diese regelmäßig anzupassen?

Wie gestalte ich meine tägliche Zeitplanung so, dass ich auch Raum für individuelle Unterstützung der Schüler*innen habe?

Welche Gewohnheiten helfen mir, sowohl Flexibilität als auch Struktur in meinem Unterricht zu bewahren?

Wie plane ich meine Wochen- und Tagesstruktur, um ausreichend Zeit für die Beobachtung und Dokumentation zu haben?

Welche Aufgaben und Verantwortlichkeiten delegiere ich an die Schüler*innen, um ihnen mehr Selbstständigkeit zu ermöglichen?

Welche Zeitfresser habe ich identifiziert, und wie versuche ich diese gezielt zu reduzieren, um mehr Raum für das Wesentliche zu haben?

Fragen zu Werten und der Grundhaltung

Welche Werte sind mir in meinem Unterricht und in meiner Rolle als Lernbegleitung besonders wichtig?

Was bedeutet gute Bildung für mich persönlich?

Wie würde ich meine Rolle als Lernbegleitung in einem Satz beschreiben?

Welche langfristigen Wirkungen möchte ich bei meinen Schüler*innen hinterlassen?

Wie hat sich mein pädagogisches Selbstverständnis in den letzten Jahren verändert?

Was motiviert mich jeden Tag als Lernbegleitung zu arbeiten?

Welche pädagogischen Prinzipien leiten mich in meiner täglichen Arbeit?

Welche Überzeugungen habe ich über Lernen und Lehren?

Was sind die wichtigsten Grundsätze, an denen ich meinen Unterricht ausrichte?

Welche Eigenschaften möchte ich bei meinen Schüler*innen fördern?

Wie wichtig ist mir die Persönlichkeitsentwicklung meiner Schüler*innen?

Wie gehe ich damit um, wenn meine pädagogischen Werte infrage gestellt werden?

Welche Rolle spielt Empathie in meiner Rolle als Lernbegleitung?

Welche Veränderung wünsche ich mir langfristig im Bildungssystem?

Was möchte ich meinen Schüler*innen für ihr Leben außerhalb der Schule mitgeben?

Wie integriere ich meine persönlichen pädagogischen Werte in meinen Schulalltag?

Was bedeutet es für mich, Schüler*innen auf ihrem individuellen Lernweg zu begleiten?

Welche Werte und Fähigkeiten möchte ich meinen Schüler*innen vermitteln, die sie auch außerhalb der Schule unterstützen?

Wie gehe ich damit um, wenn die Freiheit der Schüler*innen auf schulische Anforderungen und Grenzen stößt?

Welche Werte leiten mich dabei, den Schüler*innen Verantwortung und Eigenständigkeit zu übertragen?

Welche Veränderungen würde ich mir im Bildungssystem wünschen?

Welche Punkte empfinde ich als besonders wertvoll für die Persönlichkeitsentwicklung der Schüler*innen?

Wie trage ich in meinem Unterricht zur Selbstwirksamkeit und zum Vertrauen der Schüler*innen in ihre eigenen Fähigkeiten bei?

Fragen zu Kooperationen und Netzwerken

Wie arbeite ich mit Kolleg*innen zusammen, um den Unterricht zu verbessern?

Welche Rolle spielen Eltern und Erziehungsberechtigte in meiner Unterrichtsplanung?

Wie tausche ich mich mit anderen Lehrkräften über Herausforderungen und Best-Practices aus?

Welche Ideen habe ich, um gemeinsam mit anderen Kolleg*innen ein Schulprojekt zu starten?

Welche professionellen Netzwerke nutze ich, um mich über neue Entwicklungen in der Bildung zu informieren?

Mit welchen Kolleg*innen arbeite ich besonders gut zusammen? Warum?

Welche Möglichkeiten nutze ich, um mich über Fachgrenzen hinweg auszutauschen?

Welche Strategien habe ich, um mich bei Schwierigkeiten mit Kolleg*innen zu verständigen?

Wie oft tausche ich mich mit anderen Lehrkräften über meine Unterrichtserfahrungen aus?

Welche Ideen habe ich für gemeinsame Projekte oder Kooperationen?

Wie unterstütze ich Kolleg*innen bei Herausforderungen, die mir vertraut sind?

Welche Ressourcen und Netzwerke helfen mir, immer auf dem neuesten Stand zu bleiben?

Welche Rolle spielen schulinterne Fortbildungen und Teammeetings für mich?

Welche gemeinsamen Ziele verfolge ich mit meinem Kollegium?

Welche Plattformen oder Netzwerke nutze ich, um mich über aktuelle pädagogische Entwicklungen zu informieren?

Wie arbeite ich mit Kolleg*innen zusammen, um unsere Schulentwicklung voranzutreiben?

Welche Rolle spielen schulinterne und externe Netzwerke für meine Weiterentwicklung als Lernbegleitung?

Welche Unterstützung brauche ich von meinen Kolleg*innen und der Schulleitung, um meinen Ansatz erfolgreich umzusetzen?

Wie integriere ich Eltern und Erziehungsberechtigte in meinem pädagogischen Ansatz und dem selbstbestimmten Lernen der Schüler*innen?

Welche Anregungen oder Best-Practice-Beispiele aus anderen Schulen könnten mir helfen?

Wie binde ich externe Partner*innen oder Unternehmen ein, um die Berufsorientierung meiner Schüler*innen zu fördern?

Welche schulischen oder beruflichen Netzwerke nutze ich, um mich über aktuelle Entwicklungen in der Pädagogik zu informieren?

Welche gemeinsamen pädagogischen Ziele verfolgen wir im Kollegium, um eine gute Basis für unsere Schule zu schaffen?

Fragen zur Beruflichen Weiterentwicklung

Welche neuen Kompetenzen möchte ich in den kommenden Jahren erwerben?

Welche Weiterbildung würde mir helfen, meine Ziele als Lehrkraft zu erreichen?

Was motiviert mich im Lehrerberuf langfristig?

Welche Rolle spielen Fortbildungen und Reflexion in meiner Entwicklung als Lernbegleitung?

Was sind meine langfristigen beruflichen Ziele?

In welchen Bereichen möchte ich mich noch weiterbilden?

Welche Rolle spielt Digitalisierung in meinem Unterricht, und wie kann ich hier Neues lernen?

Welche Lehrtechniken, Ansätze und Methoden interessieren mich besonders?

Welche schulischen Themen würde ich gerne als Referent in Mikrofortbildungen für Kolleg*innen anbieten?

Was kann ich tun, um mein Wissen über neue pädagogische Forschungsergebnisse zu erweitern?

Welche Veränderungen in der Bildung würde ich gerne mitgestalten?

Wie bleibe ich neugierig und offen für Neues im Lehrerberuf?

Welche Vorbilder habe ich im Bildungsbereich, und was kann ich von ihnen lernen?

Wie würde ich meinen idealen beruflichen Werdegang beschreiben?

Welche Kompetenzen oder Methoden möchte ich noch vertiefen?

Welche Methoden möchte ich ausprobieren und weiterentwickeln?

Welche beruflichen Ziele habe ich als Lernbegleitung an meiner Schule?

Welche pädagogischen Prinzipien möchte ich langfristig in meinem Unterricht verankern?

Wie könnte ich meine Rolle als Mentor*in für andere Kolleg*innen weiter ausbauen?

Welche Herausforderungen inspirieren mich, mich weiterzuentwickeln?

Welche neuen Entwicklungen in der Forschung könnten meinen Unterricht bereichern?

FRAGEN ZU INDIVIDUELLEN HERAUSFORDERUNGEN UND LÖSUNGEN

Was sind die größten Herausforderungen, denen ich derzeit gegenüberstehe?

Welche Strategien nutze ich, um Herausforderungen anzugehen?

Welches Problem habe ich im letzten Jahr erfolgreich gelöst, und wie bin ich dabei vorgegangen?

Welche Tipps oder Strategien haben mir andere Kolleg*innen gegeben, die mir geholfen haben?

Wenn ich nur eine Sache in meinem Alltag als Lernbegleitung ändern könnte, was wäre das?

Welche persönlichen Herausforderungen habe ich in meiner Rolle als Lernbegleiter*in?

Welche Unterstützung wünsche ich mir, um Herausforderungen zu meistern?

Welche Alternativlösungen gibt es für ein Problem, das mich schon lange beschäftigt?

Wie gehe ich mit den emotionalen Anforderungen des Lehrerberufs um?

Welche Tools oder Methoden habe ich entdeckt, die mir im Alltag sehr helfen?

Welchen Ratschlag würde ich meinem früheren Selbst als Lernbegleitung geben?

Welche Schwierigkeiten habe ich in der Kommunikation mit Schüler*innen oder Eltern?

Welche Rolle spielt Selbstfürsorge für mich, und wie setze ich das um?

Was habe ich in den letzten Jahren geändert, um Herausforderungen besser zu bewältigen?

Welche Strategie zur Problemlösung hat mir besonders geholfen, und warum?

Welche Schüler*innen benötigen besondere Unterstützung beim selbstständigen Lernen, und wie gehe ich damit um?

Welche Lösungsansätze setze ich ein, wenn Schüler*innen Schwierigkeiten mit der Eigenverantwortung haben?

Welche Balance finde ich zwischen meinen pädagogischen Ansätzen und den Vorgaben?

Welche speziellen Techniken oder Methoden nutze ich, um den Lernfortschritt zu dokumentieren?

Welche Strategien helfen mir, meine eigene Weiterentwicklung voranzutreiben?

Welche Erfolge habe ich erlebt, und wie konnte ich diese erreichen?

Welche Herausforderungen möchte ich im kommenden Jahr gezielt angehen?

Liebe Lernbegleitung,

mit deinem ausgefüllten Selbstreflexionsbogen und der Beantwortung der Fragen hast du einen wichtigen Schritt gemacht: Du hast dir Zeit genommen, innezuhalten und dein eigenes Handeln bewusst zu reflektieren. Allein dieser Moment – dich systematisch mit deinen Erfahrungen, Herausforderungen und Erfolgen auseinanderzusetzen – ist unglaublich wertvoll.

Durch deine Reflexion kannst du deine Stärken und Potenziale klarer erkennen. Vielleicht hast du bemerkt, wie oft deine Geduld oder dein Einfühlungsvermögen entscheidend waren, um Lernende zu unterstützen. Oder dir ist bewusst geworden, wie sehr deine Fähigkeit, gezielte Fragen zu stellen, den Lernprozess bereichert. Solche Erkenntnisse sind nicht nur eine Bestätigung deiner Kompetenz, sondern auch ein Wegweiser für deine Weiterentwicklung.

Darüber hinaus wird durch deine Reflexion deutlich, wie wertvoll deine Arbeit als Lernbegleitung ist. Es sind oft die kleinen Dinge – ein offenes Ohr, ein motivierendes Feedback oder ein gezielter Impuls –, die für Lernende einen großen Unterschied machen. Indem du diese Momente reflektierst, wird sichtbar, welchen positiven Einfluss du auf andere hast. Deine Rolle ist unverzichtbar, und deine Reflexion macht das umso klarer.

Nutze deine Erkenntnisse, um deine Stärken weiter auszubauen und neue Perspektiven zu gewinnen. Selbstreflexion ist kein einmaliger Schritt, sondern ein kontinuierlicher Prozess, der dich wachsen lässt. Mit jedem Mal wirst du bewusster, sicherer und wirkungsvoller in deiner Arbeit.

Ich danke dir für dein Engagement und deine Offenheit. Deine Reflexion ist nicht nur ein Schritt zu deinem persönlichen Wachstum, sondern auch eine Bereicherung für alle, die von deiner Arbeit profitieren.

Du hast den Selbstreflexionsbogen ausgefüllt, dich mit dem Fragenkatalog beschäftigt oder bist einfach auf der Suche nach neuen Impulsen, um deine Fähigkeiten weiterzuentwickeln?

In diesem Kapitel findest du eine Sammlung von Anregungen und Maßnahmen, die dir dabei helfen sollen, an deinen Herausforderungen zu wachsen und deine Stärken auszubauen. Der Pool an Ideen soll dich inspirieren und dir als Hilfestellung bei deiner persönlichen Weiterentwicklung dienen.

Hier kannst du gezielt diejenigen Ansätze auswählen, die zu deinen individuellen Bedürfnissen und Zielen passen. Es ist wichtig zu verstehen, dass nicht jede Idee für dich notwendig oder umsetzbar sein muss – das ist auch nicht das Ziel. Vielmehr soll dieser Ideenpool dich beflügeln und dir neue Wege aufzeigen, wie du deine Kompetenzen erweitern und deine Rolle als Lernbegleiter*in noch wirkungsvoller gestalten kannst. Nutze die Vielfalt der vorgestellten Ansätze, um die Impulse zu finden, die dich weiterbringen – sei es, um deine pädagogischen Fähigkeiten zu vertiefen, digitale Tools zu erlernen oder deine Kommunikationsstärke auszubauen. Du hast die Freiheit zu entscheiden, welche Maßnahmen am besten zu dir und deinem Weg passen. Zur besseren Orientierung halte ich mich an die Kategorien des Selbstreflexionsbogens.

Tägliche Reflexion - Nimm dir täglich Zeit, deine Beobachtungen über deine Schüler*innen schriftlich festzuhalten.

Beobachtungsprotokolle führen - Erstelle strukturierte Protokolle, um gezielt Verhaltens- und Lernmuster zu dokumentieren.

Lernjournale einführen - Fordere die Schüler*innen auf, ihre eigenen Lernfortschritte zu dokumentieren, um zusätzliche Einblicke zu erhalten.

Feedback-Kultur stärken - Bitte die Schüler*innen regelmäßig um Rückmeldungen zu ihrem eigenen Lernprozess.

Kollegialer Austausch - Diskutiere Beobachtungen und Diagnosen regelmäßig im Team, um neue Perspektiven zu gewinnen.

Videoanalysen nutzen - Nimm Unterrichtssituationen auf und analysiere sie, um unbewusste Muster zu erkennen. (Achte dabei sorgfältig auf den Datenschutz.)

Checklisten erstellen - Entwickle Beobachtungs-Checklisten, um gezielt auf wichtige Entwicklungsaspekte zu achten.

Fokus auf Stärken - Notiere positive Entwicklungen und Stärken jedes Kindes.

Individuelle Förderpläne - Entwickle basierend auf deinen Diagnosen individuelle Förderpläne.

Diagnostik-Tools anwenden - Setze standardisierte Tests ein, um objektive Daten zu erhalten.

Peer-Feedback einbauen - Ermögliche Schüler*innen, sich gegenseitig Feedback zu geben.

Beobachtung der Emotionen - Achte gezielt auf emotionale Reaktionen der Schüler*innen während des Lernens.

Fragen stellen - Entwickle Fragen, die die Selbstreflexion der Schüler*innen anregen.

Lernstandsdiagnosen planen - Führe individuelle Lernstandserhebungen durch.

Leistung flexibel bewerten - Nutze alternative Formen der Leistungsbewertung, wie Portfolios.

Stille Beobachtungen durchführen - Beobachte bewusst, ohne einzugreifen, um natürliche Verhaltensmuster zu erkennen.

Beziehungsqualität analysieren - Reflektiere, wie deine Beziehung zu den Schüler*innen das Lernen beeinflusst.

Fortbildungen besuchen - Nimm an Workshops oder Seminaren zu Beobachtungs- und Diagnosetechniken teil.

Körperliche Signale beachten - Beobachte nonverbale Signale wie Haltung, Mimik und Gestik.

Verhaltensprotokolle führen - Dokumentiere auffällige Verhaltensmuster über einen längeren Zeitraum.

Schülerinterviews führen - Sprich regelmäßig mit Schüler*innen über ihre Sichtweise auf den Unterricht.

Eltern einbeziehen - Hole Rückmeldungen von Eltern zu Stärken und Herausforderungen der Schüler*innen ein.

Beobachtungshilfen erstellen - Nutze Diagramme oder Tabellen, um Verhaltensmuster sichtbar zu machen.

Vielfältige Lernmethoden einsetzen - Beobachte, wie Schüler*innen auf unterschiedliche Methoden reagieren.

Spezifische Fragen entwickeln - Frage gezielt nach Interessen und Herausforderungen der Schüler*innen.

Lernumfeld analysieren - Beobachte, wie das Lernumfeld das Verhalten beeinflusst.

Tests kritisch reflektieren - Prüfe regelmäßig, ob deine Diagnoseinstrumente passend sind.

Rollenspiele nutzen - Beobachte Schüler*innen in simulierten Alltagssituationen.

Individuelle Zielvereinbarungen treffen - Setze gemeinsam erreichbare Ziele, um Fortschritte zu messen.

Vergleich mit Normwerten - Setze Ergebnisse in den Kontext von Normwerten, ohne Individualität zu ignorieren.

Gemeinsame Problemanalyse - Besprich Herausforderungen direkt mit den Schüler*innen.

Zeitliche Entwicklungen erfassen - Beobachte Veränderungen über längere Zeiträume hinweg.

Mindmaps erstellen - Visualisiere deine Beobachtungen in einer Mindmap.

Projektarbeit analysieren - Beobachte Schüler*innen während offener und kreativer Aufgaben.

Selbstlernphasen reflektieren - Achte darauf, wie Schüler*innen lernen und welche Herausforderungen auftreten.

Mikrobeobachtungen machen - Konzentriere dich gezielt auf kurze Momente des Lernens oder Verhaltens.

Stimmungsbarometer nutzen - Lass Schüler*innen täglich ihre Stimmung auf einer Skala bewerten.

Flexibilität testen - Beobachte, wie Schüler*innen auf spontane Änderungen reagieren.

Situationsanalysen durchführen - Reflektiere, wie äußere Umstände das Verhalten beeinflussen.

Vielfalt der Perspektiven suchen - Hole Meinungen anderer Fachkräfte zu deinen Beobachtungen ein.

Lernstile identifizieren - Analysiere, welche Sinneskanäle bevorzugt genutzt werden.

Neutrale Beobachter einladen - Lass externe Kolleg*innen deinen Unterricht beobachten.

Selbstbeobachtung fördern - Lass Schüler*innen ihre eigenen Lernprozesse reflektieren.

Beobachtungsziele setzen - Definiere vorab, was genau du beobachten möchtest.

Daten visualisieren - Nutze Diagramme, um Entwicklungen übersichtlich darzustellen.

Technologie nutzen - Arbeite mit Apps oder Software, die Diagnosen erleichtern.

Szenarien beobachten - Beobachte Schüler*innen in verschiedenen Kontexten.

Experimentieren fördern - Gib Schüler*innen die Möglichkeit, neue Wege des Lernens auszuprobieren.

Tägliche Lernfrage stellen - Frage Schüler*innen nach ihrer größten Herausforderung oder ihrem Erfolg des Tages.

Wertschätzung ausdrücken - Mache positive Beobachtungen direkt sichtbar und verständlich.

Persönliches Interesse zeigen - Frage regelmäßig nach den Hobbys und Interessen der Lernenden.

Begrüßungsrituale etablieren - Entwickle ein regelmäßiges Begrüßungsritual, das positive Energie schafft.

Gemeinsame Regeln entwickeln - Erstelle Regeln gemeinsam mit den Lernenden, um Beteiligung und Respekt zu fördern.

Vertrauensbrücken bauen - Teile gelegentlich eigene Erfahrungen, um Vertrauen aufzubauen.

Fehler als Chance präsentieren - Reagiere empathisch auf Fehler und zeige, dass sie Lernmöglichkeiten bieten.

Aktiv zuhören - Höre aufmerksam zu, wenn Lernende etwas teilen, und bestätige, dass du sie verstehst.

Feedback einholen - Bitte regelmäßig um Rückmeldung, wie du als Lernbegleiter*in wahrgenommen wirst.

Gemeinsame Ziele setzen - Arbeite mit den Lernenden an individuellen und gemeinsamen Zielen.

Offene Kommunikation fördern - Ermutige Lernende, ihre Meinungen, Ideen und Gefühle zu äußern.

Interessen integrieren - Binde Interessen der Lernenden in den Unterricht oder Projekte ein.

Vertrauensspiele durchführen - Nutze spielerische Übungen, um Vertrauen innerhalb der Gruppe aufzubauen.

Dankbarkeit ausdrücken - Bedanke dich für besondere Anstrengungen oder Engagement.

Positives hervorheben - Lobe kleine Fortschritte und stärke damit die Motivation.

Tägliche Check-ins einführen - Starte den Tag mit einer kurzen Gesprächsrunde über die Stimmung der Gruppe.

Stärken entdecken - Führe Gespräche, um die Stärken der Lernenden kennenzulernen und zu fördern.

Empathie-Übungen durchführen - Lass die Lernenden Perspektivwechsel üben, um gegenseitiges Verständnis zu fördern.

Humor einbringen - Nutze angemessenen Humor, um eine lockere Atmosphäre zu schaffen.

Verantwortung teilen - Gib Lernenden kleine Aufgaben oder Verantwortlichkeiten innerhalb der Gruppe.

Gruppenprojekte fördern - Organisiere kooperative Aktivitäten, um den Zusammenhalt zu stärken.

Individuelle Unterstützung anbieten - Biete gezielte Hilfestellungen, die den Bedürfnissen der Lernenden entsprechen.

Offene Tür signalisieren - Zeige, dass du jederzeit ansprechbar bist, wenn es Probleme gibt.

Gemeinsame Erfolge feiern - Markiere Meilensteine mit kleinen Feiern oder Belohnungen.

Vielfalt anerkennen - Zeige Respekt für die unterschiedlichen Hintergründe und Meinungen der Lernenden.

Feierabendgespräche einführen - Tausche dich informell mit den Lernenden nach der Unterrichtseinheit aus.

Nicht nur Fachliches diskutieren - Führe Gespräche über Alltägliches und Interessantes jenseits des Unterrichtsstoffs.

Mentoring fördern - Ermutige Lernende, ihre Mitschüler*innen zu unterstützen.

Kulturelle Tage veranstalten - Plane Tage, an denen verschiedene Kulturen und Hintergründe gewürdigt werden.

Kritik einfühlsam äußern - Formuliere Verbesserungsvorschläge so, dass sie ermutigend wirken.

Selbstreflexion einbauen - Teile, wie du deine eigene Rolle als Lernbegleiter*in reflektierst.

Rückzugsräume schaffen - Sorge für eine Möglichkeit, dass Lernende bei Bedarf kurz abschalten können.

Gemeinsam lachen - Fördere humorvolle Momente, um den Alltag aufzulockern.

Achtsamkeitsübungen anbieten - Starte die Stunde mit kurzen Übungen zur Zentrierung.

Geschichten erzählen - Nutze Storytelling, um emotionale Verbindungen zu stärken.

Vermeintliche Schwächen thematisieren - Zeige, dass auch vermeintliche Schwächen akzeptiert und überwunden werden können.

Gemeinsame Reflexion - Schließe die Woche mit einer Reflexionsrunde über Erfolge und Herausforderungen ab.

Emotionale Kompetenz trainieren - Fördere gezielte Übungen, um Emotionen zu erkennen und auszudrücken.

Lob sichtbar machen - Nutze eine Pinnwand oder ein digitales Tool, um positive Beiträge zu dokumentieren.

Teambuilding-Tage einplanen - Plane spezielle Aktivitäten, um die Gruppendynamik zu verbessern.

Individuelles Check-in - Frage regelmäßig nach, wie es einzelnen Lernenden geht.

Konfliktbewältigung üben - Trainiere mit den Lernenden den Umgang mit Konflikten in Rollenspielen.

Transparenz leben - Erkläre deine Entscheidungen offen, um Vertrauen zu schaffen.

Ressourcen teilen - Stelle Materialien und Ideen bereit, die auch das persönliche Wachstum unterstützen.

Gemeinsam kreativ sein - Fördere kreative Projekte, bei denen sich Lernende individuell einbringen können.

Vielfältige Lernmethoden nutzen - Wechsle die Methoden, um für alle Lernenden etwas Passendes anzubieten.

Tägliche Erfolge notieren - Lass Lernende am Ende des Tages eine Sache aufschreiben, die gut lief.

Rollenspiele moderieren - Lass die Gruppe verschiedene Perspektiven einnehmen, um Empathie zu stärken.

Sichtbarkeit schaffen - Mache die Erfolge und Fortschritte der Gruppe sichtbar – etwa durch Poster oder digitale Medien.

Bleib authentisch - Zeige, dass du als Lernbegleiter*in auch ein Mensch mit Emotionen und eigenen Erfahrungen bist.

Digitale Werkzeuge erkunden - Teste regelmäßig neue Apps und Plattformen, um sie in deinen Unterricht zu integrieren.

Lernplattform einrichten - Richte eine zentrale Online-Lernplattform ein, die du und deine Schüler*innen nutzen können.

Digitale Werkzeuge schulen - Führe Workshops durch, um Schüler*innen und Kolleg*innen in Tools einzuweisen.

Medienkompetenz fördern - Erstelle eine Unterrichtseinheit über Fake News und die Bewertung von Online-Informationen.

Interaktive Tools nutzen - Nutze Tools, um spielerisches Lernen zu fördern.

Sicherheitsbewusstsein schaffen - Vermittle Grundlagen zu Passwortsicherheit und Datenschutz im Netz.

Kollaborative Projekte anregen - Plane Projekte, bei denen Schüler*innen gemeinsam arbeiten.

E-Portfolios aufbauen - Lass Schüler*innen ihre Arbeiten und Fortschritte in digitalen Portfolios sammeln.

Online-Feedback geben - Nutze digitale Feedback-Tools für individuelles Feedback.

Video-Tools einführen - Arbeite mit Schüler*innen an Videoprojekten.

Programmieren lernen - Veranstalte eine Einführung, um Grundlagen der Programmierung zu vermitteln.

Digitale Lernressourcen nutzen - Kuratiere und teile qualitativ hochwertige Online-Ressourcen, wie Tutorials oder OER-Materialien.

Virtuelle Exkursionen planen - Nutze virtuelle Museumsbesuche oder Google Earth für interaktive Erkundungen.

Cybermobbing ansprechen - Diskutiere mit Schüler*innen, wie sie verantwortungsvoll online interagieren können.

Blended Learning anwenden - Kombiniere Präsenzunterricht mit Online-Lernaktivitäten.

Digitale Pinnwände einsetzen - Nutze digitale Pinnwände für Brainstorming oder Projektmanagement.

Fortbildungen besuchen - Nimm an Workshops oder Online-Kursen zu neuen digitalen Trends teil.

KI-Tools nutzen - Setze KI-gestützte Tools ein, um Recherche oder Textanalysen zu unterstützen.

Gaming integrieren - Nutze Gamification-Elemente oder Lernspiele.

Screencasts erstellen - Produziere kurze Videos, um komplexe Themen zu erklären.

Webinare organisieren - Lade Expert*innen ein, um digitale Themen in Live-Webinaren zu besprechen.

Digitale Checklisten nutzen - Erstelle mit Schüler*innen To-Do-Listen in entsprechenden Tools.

Smartboard-Features kennenlernen - Nutze interaktive Whiteboards optimal, um den Unterricht dynamischer zu gestalten.

Digitale Ethik lehren - Besprich Themen wie Urheberrecht und digitale Fußabdrücke im Unterricht.

Kreativitäts-Apps - Stelle entsprechende Apps vor, um Kreativität zu fördern.

Flipped Classroom ausprobieren - Bereite Lerninhalte in Videos vor, die Schüler*innen vor dem Unterricht ansehen.

Umfragen einbauen - Führe Online-Umfragen durch, um die Meinung der Schüler*innen einzuholen.

Coding-Wettbewerbe starten - Organisiere Wettbewerbe oder Challenges im Bereich Programmierung.

Cloud-Speicher nutzen - Lehre den effektiven Einsatz von Cloud-Diensten für Datenspeicherung und -organisation.

Social Media kritisch analysieren - Thematisiere Vor- und Nachteile von sozialen Netzwerken.

Digitale Präsentationen fördern - Lass Schüler*innen kreative Präsentationen erstellen.

Zeitmanagement-Apps vorstellen - Führe Tools ein, um die Planung zu verbessern.

Digitale Barrierefreiheit beachten - Sensibilisiere dich und die Schüler*innen für inklusive Technologien.

Augmented Reality ausprobieren - Integriere AR-Apps, um Inhalte erlebbarer zu machen.

Podcasts erstellen - Lass Schüler*innen eigene Podcasts zu Unterrichtsthemen aufnehmen.

Selbstlernmodule anbieten - Erstelle Module, die Schüler*innen in eigenem Tempo durchlaufen können.

Online-Kollaboration fördern - Verwende Tools für Gruppenarbeiten.

Coding-Bots einsetzen - Nutze Roboter für programmierbare Lernerfahrungen.

Datensicherheit üben - Schaffe praktische Übungen zur sicheren Nutzung digitaler Geräte.

Lernanalysen verwenden - Nutze Analyse-Tools, um den Lernfortschritt zu messen und zu visualisieren.

Digitale Escape Rooms gestalten - Entwickle Escape Room-Abenteuer mit entsprechenden Tools.

3D-Design einführen - Lass Schüler*innen einfache 3D-Modelle erstellen.

Digital Detox diskutieren - Thematisiere die Balance zwischen digitalem und analogem Leben.

Online-Schülerzeitung starten - Unterstütze die Schüler*innen bei der Veröffentlichung eigener Artikel.

Hackathons veranstalten - Plane Innovationsworkshops, bei denen Lösungen für reale Probleme entwickelt werden.

Virtuelle Realität einführen - Setze VR-Brillen für immersive Lernerfahrungen ein.

Technologische Zukunftstrends erkunden - Diskutiere KI-Themen mit deinen Schüler*innen.

Digitale Spiele kritisch analysieren - Besprich mit Schüler*innen den Einfluss und Nutzen von Videospielen.

Digitale Tagebücher führen - Lass Schüler*innen tägliche Reflexionen digital festhalten.

Morgenreflexion - Starte den Tag mit einer 5-minütigen Selbstreflexion zu deinen Zielen und deiner inneren Haltung.

Gefühlstagebuch führen - Schreibe täglich deine Emotionen und deren Auslöser auf, um Muster zu erkennen.

Achtsam atmen - Übe bewusstes Atmen, um dich in stressigen Momenten zu zentrieren.

Selbstcheck einbauen - Frage dich während des Tages: "Wie geht es mir gerade wirklich?"

Dankbarkeit kultivieren - Schreibe täglich drei Dinge auf, für die du dankbar bist.

Pausen aktiv nutzen - Plane regelmäßige, kurze Pausen ein, um dich zu bewegen oder zu entspannen.

Stretching-Routine entwickeln - Löse körperliche Spannungen durch einfache Dehnübungen zwischendurch.

Meditation integrieren - Meditiere täglich 10 Minuten, um deine Gelassenheit zu stärken.

Bewusste Ernährung - Achte auf nahrhafte Mahlzeiten, die Energie und Fokus fördern.

Schlafrhythmus festlegen - Halte einen konstanten Schlafplan ein, um ausgeruht zu sein.

Stress-Trigger analysieren - Identifiziere typische Auslöser für Stress und finde Alternativen im Umgang damit.

Problemlösung strukturieren - Schreibe bei Problemen drei mögliche Lösungsansätze auf, bevor du handelst.

Negative Gedanken umlenken - Finde in belastenden Situationen bewusst eine positive Perspektive.

Gelassenheit trainieren - Stelle dir vor, wie du ruhig und souverän auf herausfordernde Situationen reagierst.

Abgrenzung üben - Lerne freundlich, aber bestimmt "Nein" zu sagen, wenn deine Kapazitäten erreicht sind.

Aktives Zuhören - Konzentriere dich ganz auf dein Gegenüber und wiederhole, was du verstanden hast.

Nonverbale Signale wahrnehmen - Achte auf Körpersprache, um die Stimmung anderer besser einzuschätzen.

Ich-Botschaften senden - Formuliere deine Bedürfnisse klar und ohne Vorwürfe.

Empathie-Pause - Überlege in Konflikten, wie sich die andere Person fühlen könnte.

Lob und Anerkennung - Gib bewusst positives Feedback, um eine gute Atmosphäre zu schaffen.

Prioritäten setzen - Führe eine tägliche To-do-Liste mit maximal drei Hauptzielen.

Störungen minimieren - Schalte Benachrichtigungen aus und lege Fokuszeiten fest.

Pomodoro-Technik anwenden - Arbeite in 25-Minuten-Blöcken mit kurzen Pausen dazwischen.

Aufgaben delegieren - Übertrage Verantwortung, wo es möglich ist.

Rückblick planen - Nimm dir am Ende der Woche Zeit, um deine Fortschritte zu reflektieren.

Selbstmitgefühl üben - Behandle dich selbst mit der gleichen Freundlichkeit wie einen Freund.

Frustrationstoleranz trainieren - Akzeptiere kleine Rückschläge als Teil des Lernprozesses.

Visualisierung nutzen - Stelle dir vor, wie du eine schwierige Situation erfolgreich meisterst.

Erfolge feiern - Nimm dir bewusst Zeit, um kleine und große Erfolge zu würdigen.

Ressourcen erkennen - Erstelle eine Liste mit Menschen und Methoden, die dir in schwierigen Zeiten helfen.

Ordnung schaffen - Halte deinen Arbeitsbereich aufgeräumt, um Klarheit zu fördern.

Inspirierende Umgebung - Dekoriere deinen Arbeitsplatz mit Dingen, die dich motivieren.

Rituale etablieren - Entwickle Gewohnheiten, die dir Struktur und Halt geben.

Unterstützung suchen - Tausche dich regelmäßig mit Kolleg*innen über Herausforderungen aus.

Erholungsorte finden - Finde einen Ort, an dem du dich schnell regenerieren kannst.

Feedback einholen - Frage aktiv nach Rückmeldungen zu deinem Verhalten und deinen Methoden.

Bücher lesen - Lies Literatur zu Selbstregulation und Persönlichkeitsentwicklung.

Vorbild beobachten - Lerne von Menschen, die Gelassenheit und Professionalität ausstrahlen.

Reflexionsfragen stellen - Frage dich nach schwierigen Situationen: "Was lief gut? Was kann ich besser machen?"

Tagebuch schreiben - Halte deine Gedanken und Ideen schriftlich fest.

Hobbys pflegen - Widme dich regelmäßig Aktivitäten, die dir Freude bereiten.

Kunst oder Musik nutzen - Male, musiziere oder höre bewusst Musik, um dich zu entspannen.

Natur erleben - Gehe regelmäßig spazieren, um deinen Kopf freizubekommen.

Humor einbauen - Lache bewusst über Alltagssituationen, um Leichtigkeit zu gewinnen.

Bildschirmzeit reduzieren - Begrenze deine digitale Zeit, um mehr Raum für dich selbst zu schaffen.

Offline-Zeiten planen - Lege fest, wann du bewusst auf digitale Medien verzichtest.

Positive Inhalte konsumieren - Wähle Medien, die dich inspirieren und aufbauen.

Digital Detox-Tage einbauen - Plane Tage ohne Internet und Social Media.

Technik sinnvoll nutzen - Verwende Apps für Achtsamkeit oder Zeitmanagement gezielt.

Ziele setzen - Lass die Schüler*innen klare, erreichbare Ziele für ihre Lernprozesse formulieren.

Reflexion fördern - Plane regelmäßige Reflexionsrunden ein, in denen die Schüler*innen ihren Fortschritt analysieren.

Prioritäten klären - Unterstütze Lernende dabei, Aufgaben nach Wichtigkeit und Dringlichkeit zu priorisieren.

Entscheiden üben - Gib den Schüler*innen die Möglichkeit, eigenständig Entscheidungen zu treffen.

Selbstbewertung anwenden - Lass Lernende ihre Arbeit anhand festgelegter Kriterien selbst einschätzen.

Checklisten nutzen - Zeige, wie Lernende Checklisten erstellen und im Alltag nutzen können.

Zeitmanagement trainieren - Führe Methoden wie die Pomodoro-Technik ein.

Feedback einholen - Ermutige Schüler*innen, aktiv Feedback von anderen einzuholen und zu reflektieren.

Ressourcen planen - Lehre, wie deine Schüler*innen ihre Zeit, Materialien und Energie effektiv einteilen können.

Visionen entwickeln - Erarbeite mit deinen Schüler*innen eine langfristige Vision für ihre persönliche Entwicklung.

Motivation stärken - Besprich intrinsische und extrinsische Motivationsfaktoren und deren Einfluss.

Verantwortungsbereiche schaffen - Verteile klare Verantwortlichkeiten in Gruppenprojekten.

Experimentierfreude fördern - Lass deine Schüler*innen neue Methoden ausprobieren, ohne Angst vor Fehlern zu haben.

Selbstfürsorge betonen – Zeige auf, wie wichtig Pausen, Bewegung und Ernährung für Selbststeuerung sind.

Rückschläge analysieren - Arbeite mit deinen Schüler*innen daran, aus Fehlern und Rückschlägen zu lernen.

Problemlösungsstrategien entwickeln - Führe Problemlösemodelle wie die "5-Why-Methode" ein.

Routinen etablieren - Hilf den Lernenden, sinnvolle tägliche und wöchentliche Routinen zu entwickeln.

Eigene Erfolge feiern - Fördere das Bewusstsein für Fortschritte und Erfolge.

Selbstlernmethoden entdecken - Stelle unterschiedliche Lernmethoden vor, die deine Schüler*innen eigenständig anwenden können.

Mentor*innenrollen anbieten - Lass Schüler*innen als Mentor*innen für Mitschüler*innen fungieren.

Reflexionskarten einsetzen - Nutze Karten mit Reflexionsfragen für den Tagesabschluss.

Schwächen akzeptieren lernen - Besprich, wie vermeintliche Schwächen erkannt und als Lernchancen genutzt werden können.

Projekte eigenständig planen – Lass Lernende Projekte eigenständig konzipieren, organisieren und umsetzen.

Erfolgstagebuch führen - Animiere deine Schüler*innen, tägliche Erfolge in einem Tagebuch festzuhalten.

Kritisches Denken fördern - Stelle Fragen, die kritisches Denken und Perspektivwechsel anregen.

Verbindlichkeiten schaffen - Lass Schüler*innen Verbindlichkeiten mit Mitschüler*innen oder Lehrkräften vereinbaren.

Selbstlernziele formulieren - Hilf deinen Schüler*innen, langfristige Lernziele zu entwickeln und regelmäßig zu überprüfen.

Medienkompetenz stärken - Zeige, wie Lernende digitale Tools für Selbstorganisation nutzen können.

Stärkenprofil erstellen - Erarbeite mit den Lernenden ein Profil ihrer persönlichen Stärken und Interessen.

Achtsamkeit integrieren - Führe Übungen zur Achtsamkeit ein, um die Selbstwahrnehmung zu stärken.

Selbstbelohnung planen – Zeige auf, wie Schüler*innen sich nach Erreichen von Zielen belohnen können.

Lernumfeld optimieren - Unterstütze deine Schüler*innen dabei, ihr physisches und mentales Lernumfeld zu verbessern.

Strategien zur Ablenkungsminimierung entwickeln - Besprich Methoden, um fokussierter zu arbeiten.

Verantwortung übernehmen - Gib deinen Schüler*innen Gelegenheiten, Verantwortung für Aufgaben im Klassenverband zu übernehmen.

Empathie fördern - Zeige, wie Mitgefühl anderen gegenüber auch die eigene Selbststeuerung stärkt.

Aufgaben delegieren üben - Trainiere mit Lernenden, wie sie in Gruppen effizient delegieren können.

Eigeninitiative anerkennen - Würdige bewusst Situationen, in denen deine Schüler*innen Eigeninitiative zeigen.

Fortschritt visualisieren - Nutze Diagramme oder Tabellen, um individuelle Fortschritte sichtbar zu machen.

Kreatives Problemlösen üben - Lass Lernende durch Rollenspiele oder Kreativmethoden Lösungsansätze entwickeln.

Persönliche Werte reflektieren – Erarbeite mit deinen Schüler*innen, welche Werte Entscheidungen leiten.

Lernpartnerschaften bilden - Bilde Tandems, in denen Lernende sich gegenseitig unterstützen können.

Ressourcen im Umfeld erkennen - Zeige, wie Schüler*innen Netzwerke und vorhandene Ressourcen nutzen können.

Konfliktlösungsstrategien entwickeln - Trainiere mit deinen Schüler*innen kommunikative und mediative Fähigkeiten.

Langfristige Planung fördern - Lass Lernende Pläne für die nächsten Monate oder Jahre erstellen.

Lernfortschritt protokollieren – Ermuntere deine Schüler*innen, ihren Fortschritt schriftlich oder digital festzuhalten.

Resilienz stärken - Arbeite an Strategien zur Bewältigung von Stress und schwierigen Situationen.

Persönliche Erfolgsmuster erkennen - Analysiere mit den Lernenden, was bisher gut funktioniert hat.

Selbstgespräche bewusst nutzen - Zeige, wie positive Selbstgespräche die Motivation steigern können.

Risikobereitschaft fördern - Ermutige Lernende, Neues auszuprobieren und kalkulierte Risiken einzugehen.

Selbstwirksamkeitserfahrungen schaffen - Lass Lernende kleine, machbare Herausforderungen meistern, um Vertrauen in die eigene Kompetenz aufzubauen.

Gefühle erkennen - Reflektiere täglich deine eigenen Emotionen und benenne sie bewusst.

Achtsamkeit üben - Plane tägliche 5-Minuten-Achtsamkeitsübungen für dich und die Schüler*innen ein.

Perspektivwechsel ausprobieren - Versetze dich gezielt in die Lage von Schüler*innen, um ihre Emotionen zu verstehen.

Emotionstagebuch führen - Halte schriftlich fest, welche Emotionen du im Laufe des Tages erlebt hast.

Stärken benennen - Liste regelmäßig deine emotional-sozialen Stärken auf und baue sie weiter aus.

Stresssignale wahrnehmen - Lerne, körperliche Anzeichen von Stress frühzeitig zu erkennen und darauf zu reagieren.

Feedback suchen - Bitte Kolleg*innen um ehrliches Feedback zu deinem Umgang mit Konflikten.

Selbstmitgefühl zeigen - Sei geduldig und freundlich mit dir selbst, wenn du Fehler machst.

Energiereserven auffüllen - Sorge für regelmäßige Pausen und Aktivitäten, die dir Kraft geben.

Trigger verstehen - Analysiere, welche Situationen dich emotional herausfordern, und entwickle Strategien.

Aktives Zuhören - Höre Schüler*innen ohne Unterbrechung zu und stelle gezielte Fragen.

Gefühle spiegeln - Benenne die Emotionen, die du bei anderen wahrnimmst, um Verständnis zu zeigen.

Gemeinsamkeiten suchen - Finde Verbindungen zwischen dir und deinen Schüler*innen, um Vertrauen aufzubauen.

Offene Fragen stellen - Stelle Fragen, die zum Nachdenken anregen und Gefühle thematisieren.

Rituale schaffen - Führe wöchentliche Gesprächsrunden ein, in denen alle ihre Gefühle teilen können.

Rollenspiele nutzen - Simuliere mit Schüler*innen Alltagssituationen, um empathisches Verhalten zu üben.

Vielfalt würdigen - Betone die Bedeutung unterschiedlicher Perspektiven und fördere Akzeptanz.

Wertschätzung ausdrücken - Teile Schüler*innen mit, was du an ihrem Verhalten schätzt.

Geschichten erzählen - Nutze Geschichten, um Empathie für verschiedene Lebenssituationen zu fördern.

Verbindende Erfahrungen teilen - Sprich über eigene Erlebnisse, die den Schüler*innen helfen, dich besser zu verstehen.

Mediation anbieten - Moderiere Konfliktgespräche zwischen Schüler*innen und leite sie zu Lösungen an.

Ich-Botschaften lehren - Vermittle Schüler*innen den Gebrauch von Ich-Botschaften in Konfliktsituationen.

Konfliktanalyse trainieren - Lass Schüler*innen Konflikte analysieren und Lösungsansätze entwickeln.

Deeskalationstechniken üben - Lerne und vermittle Strategien, um hitzige Situationen zu entschärfen.

Emotionsregulation stärken - Biete Übungen an, um Wut oder Frustration zu kontrollieren.

Kompromissfindung lehren - Zeige Schüler*innen, wie sie gemeinsam Lösungen erarbeiten können.

Neutral bleiben - Übe dich darin, in Konflikten eine unparteiische Position einzunehmen.

Grenzen respektieren - Fördere das Verständnis für persönliche und emotionale Grenzen.

Erfolge feiern - Feiere gelöste Konflikte, um positives Verhalten zu bestärken.

Verantwortung übernehmen - Ermutige dich und deine Schüler*innen, eigene Fehler einzugestehen.

Klassenziele festlegen - Entwickle gemeinsam mit den Schüler*innen Regeln und Ziele für ein harmonisches Miteinander.

Gemeinschaftsprojekte initiieren - Plane Aktivitäten, die den Teamgeist fördern.

Ressourcen teilen - Teile inspirierende Bücher, Filme oder Podcasts zu emotionaler Intelligenz.

Humor einbringen - Nutze Humor, um eine entspannte und angenehme Lernatmosphäre zu schaffen.

Fehler willkommen heißen - Etabliere eine Kultur, in der Fehler als Lernchancen betrachtet werden.

Erfolge visualisieren - Nutze Poster oder digitale Tools, um Fortschritte sichtbar zu machen.

Offene Kommunikation fördern - Schaffe einen Raum, in dem Fragen und Sorgen offen geäußert werden können.

Stress abbauen - Biete Atemübungen oder kurze Bewegungspausen an, um die Stimmung aufzulockern.

Rollen wechseln - Lass Schüler*innen die Verantwortung für bestimmte Aufgaben übernehmen.

Dankbarkeit üben - Starte oder beende den Tag mit einer Runde, in der jede*r etwas Positives benennt.

Fortbildungen besuchen - Nimm an Seminaren zu emotionaler Intelligenz und Sozialkompetenz teil.

Lerngruppen bilden - Schließe dich mit Kolleg*innen zusammen, um euch gegenseitig zu unterstützen.

Selbstreflexion vertiefen - Nimm dir regelmäßig Zeit, um deine Fortschritte und Herausforderungen zu analysieren.

Vorbild sein - Lebe die Verhaltensweisen vor, die du bei den Schüler*innen sehen möchtest.

Supervision nutzen - Hole dir Unterstützung von externen Fachleuten, um schwierige Situationen zu reflektieren.

Feedbackrunden einführen: Bitte die Schüler*innen um Rückmeldung zu deinem Verhalten und Unterricht.

Inspirierende Vorbilder studieren - Lies Bücher oder schaue Vorträge von Expert*innen im Bereich emotionale Intelligenz.

Mentoring anbieten - Teile deine Erfahrungen mit anderen Lernbegleiter*innen oder neuen Kolleg*innen.

Routine schaffen - Entwickle feste Rituale, um emotionale und soziale Kompetenzen langfristig zu fördern.

Neues ausprobieren - Sei offen für kreative Methoden und probiere regelmäßig neue Ansätze aus.

Aktives Zuhören – Höre aufmerksam zu, um die Gedanken und Gefühle deiner Schüler*innen vollständig zu verstehen.

Gefühle benennen – Sprich mit den Schüler*innen über ihre Emotionen und benenne diese klar.

Körperliche Nähe wahren – Achte darauf, dass du bei Gesprächen körperliche Nähe nicht übertreibst und immer die persönliche Zone respektierst.

Nonverbale Signale lesen – Achte auf Körpersprache und Mimik, um unausgesprochene Gedanken zu erkennen.

Interessen einbinden – Integriere die Interessen der Schüler*innen in den Unterricht, um Empathie für ihre Welt zu zeigen.

Empathie üben – Reflektiere täglich, wie du dich in die Lage der Schüler*innen versetzen kannst und tue es bewusst.

Rollenspiele durchführen – Nutze Rollenspiele, um verschiedene Perspektiven nachzuvollziehen und Empathie zu schulen.

Reflexionsrunden – Plane regelmäßige Reflexionsrunden ein, in denen Schüler*innen ihre Gedanken und Gefühle äußern können.

Fragen stellen – Stelle offene Fragen, die den Schüler*innen Raum zur Selbstreflexion und zum Ausdruck ihrer Gefühle geben.

Empathie-Modell sein – Sei ein Vorbild in der Art, wie du Mitgefühl und Verständnis zeigst.

Individuelle Gespräche führen – Biete regelmäßig persönliche Gespräche an, um die Bedürfnisse jeder*s einzelnen besser zu verstehen.

Wertschätzung zeigen – Bestätige und schätze die Emotionen und Gedanken der Schüler*innen ohne zu werten.

Fehler als Lernchancen sehen – Sei empathisch bei Fehlern und betrachte sie als wertvolle Lernmöglichkeiten.

Positive Verstärkung – Verstärke empathisches Verhalten bei Schüler*innen mit positiver Rückmeldung.

Verständnisfragen stellen – Frage nach, wenn du etwas nicht verstehst, um Missverständnisse zu vermeiden und Empathie zu zeigen.

Selbstreflexion pflegen – Reflektiere regelmäßig, wie du auf die Gefühle und Bedürfnisse der Schüler*innen reagierst.

Vertrauen aufbauen – Schaffe eine Atmosphäre des Vertrauens, in der sich Schüler*innen sicher fühlen, ihre Gedanken und Gefühle zu äußern.

Interkulturelle Empathie fördern – Gehe aktiv auf die kulturellen Unterschiede deiner Schüler*innen ein, um ein besseres Verständnis zu entwickeln.

Emotionale Unterstützung anbieten – Biete den Schüler*innen aktiv deine Hilfe an, wenn du merkst, dass sie Unterstützung brauchen.

Zuhören ohne Ratschläge zu geben – Höre zu, ohne sofort Lösungen anzubieten, um den Schüler*innen Raum für ihre eigenen Gedanken zu geben.

Geduldig sein – Sei geduldig, wenn Schüler*innen sich Zeit nehmen, um ihre Emotionen auszudrücken.

Echtheit zeigen – Sei authentisch in deinem Verhalten, um deinen Schüler*innen zu zeigen, dass du wirklich an ihnen interessiert bist.

Hilfreiche Rückmeldungen geben – Gib Feedback auf eine Art und Weise, die empathisch ist und den Schüler*innen hilft, sich weiterzuentwickeln.

Emotionen akzeptieren – Akzeptiere und respektiere die Emotionen deiner Schüler*innen, auch wenn du sie nicht immer nachvollziehen kannst.

Kreative Ausdrucksformen fördern – Ermutige Schüler*innen, ihre Gefühle durch Kunst, Musik oder andere kreative Methoden auszudrücken.

Kritik respektvoll äußern – Übe Kritik auf eine respektvolle und einfühlsame Weise, ohne die Gefühle der Schüler*innen zu verletzen.

Konstruktive Konfliktlösung – Hilf den Schüler*innen dabei, Konflikte durch Empathie und Verständnis zu lösen.

Verständnis zeigen, wenn es schwerfällt – Zeige Verständnis, wenn du den Schüler*innen in schwierigen Situationen nicht sofort helfen kannst.

Sich Zeit nehmen – Nimm dir die Zeit, auf die Bedürfnisse und Herausforderungen der Schüler*innen individuell einzugehen.

Geduld mit unsicheren Schüler*innen haben – Sei besonders geduldig mit Schüler*innen, die unsicher oder schüchtern sind.

Gefühlsausdrücke akzeptieren – Erlaube und akzeptiere, dass Emotionen im Unterricht Raum haben müssen.

Miteinander statt übereinander sprechen – Sprich mit den Schüler*innen auf Augenhöhe und nicht über sie.

Veränderungen beobachten – Achte auf Veränderungen im Verhalten oder emotionalen Zustand der Schüler*innen und reagiere darauf.

Häufiges Nachfragen – Frage regelmäßig nach dem Befinden der Schüler*innen, um ihre emotionale Lage besser zu verstehen.

Hoffnung vermitteln – Zeige den Schüler*innen, dass du an ihre Fähigkeiten glaubst, auch wenn sie selbst Zweifel haben.

Emotionale Bedürfnisse ansprechen – Sprich die emotionalen Bedürfnisse der Schüler*innen offen an, wenn du sie erkennst.

Achtsamkeit üben – Entwickle Achtsamkeit, um besser auf die nonverbalen Signale und Bedürfnisse deiner Schüler*innen reagieren zu können.

Gemeinsame Rituale etablieren – Entwickle Rituale, die das Gefühl von Sicherheit und Zusammenhalt unter den Schüler*innen fördern.

Gefühlsregulation unterstützen – Hilf den Schüler*innen dabei, ihre Emotionen zu regulieren und in den Griff zu bekommen.

Innere Haltung reflektieren – Reflektiere deine eigene innere Haltung und wie sie deine Empathie beeinflusst.

Vertrauensvolle Atmosphäre schaffen – Schaffe eine Umgebung, in der sich die Schüler*innen sicher genug fühlen, um ihre Gefühle zu zeigen.

Aktiv auf Veränderungen reagieren – Reagiere auf Veränderungen im emotionalen Zustand der Schüler*innen mit Empathie und Unterstützung.

Mitgefühl zeigen – Zeige echtes Mitgefühl, wenn ein*e Schüler*in Schwierigkeiten hat, um ein Gefühl der Verbundenheit zu erzeugen.

Hoffnung in schwierigen Zeiten spenden – Sei eine Quelle der Zuversicht, wenn deine Schüler*innen durch schwierige Zeiten gehen.

Vorurteile abbauen – Arbeite an der eigenen Wahrnehmung, um Vorurteile abzubauen und Empathie für alle zu entwickeln.

Rücksichtnahme auf persönliche Grenzen – Achte auf die persönlichen Grenzen der Schüler*innen und respektiere diese.

Positive Verhaltensweisen fördern – Unterstütze Schüler*innen darin, empathische und respektvolle Verhaltensweisen zu entwickeln.

Ermutigung statt Entmutigung – Ermutige deine Schüler*innen, auch bei Rückschlägen an sich zu glauben und weiterzumachen.

Selbstfürsorge nicht vergessen – Kümmere dich auch um dein eigenes emotionales Wohlbefinden, um empathisch bleiben zu können.

Flexibilität zeigen – Sei flexibel und anpassungsfähig, um auf die emotionalen Bedürfnisse deiner Schüler*innen effektiv eingehen zu können.

Lehrplan Analyse - Studiere den Lehrplan gründlich und halte dich regelmäßig über Änderungen auf dem Laufenden.

Lernziele klar definieren - Formuliere klare, messbare Lernziele für jede Unterrichtseinheit.

Didaktische Vielfalt nutzen - Setze verschiedene Unterrichtsmethoden (z.B. Gruppenarbeit, Diskussionen) ein, um die Inhalte abwechslungsreich zu gestalten.

Interessen der Schüler*innen ermitteln - Frage regelmäßig nach den Interessen der Schüler*innen und integriere diese in den Unterricht.

Komplexität reduzieren - Erkläre schwierige Konzepte in einfachen, verständlichen Worten und setze anschauliche Beispiele.

Verknüpfungen herstellen - Verknüpfe neue Lerninhalte mit bereits bekannten Konzepten oder Alltagsbeispielen.

Feedback einholen - Hole regelmäßig Feedback von den Schüler*innen ein, um die Unterrichtsmethoden anzupassen.

Schülerzentrierter Unterricht - Stelle die Schüler*innen in den Mittelpunkt des Lernprozesses und fördere selbstständiges Lernen.

Lernstände überprüfen - Verwende regelmäßige Feedbackrunden, um den Lernstand der Schüler*innen zu überprüfen.

Förderbedarfe erkennen - Identifiziere Herausforderungen frühzeitig und entwickle individuelle Förderpläne.

Motivationsstrategien entwickeln - Setze gezielte Maßnahmen ein, um die Schüler*innen zu motivieren.

Reflexionstechniken einsetzen - Fordere die Schüler*innen regelmäßig zur Selbstreflexion auf, um ihr eigenes Lernen zu fördern.

Digitale Medien integrieren - Nutze digitale Hilfsmittel und Plattformen zur Visualisierung und Vertiefung des Lernstoffs.

Differenziertes Lernen fördern - Biete unterschiedliche Lernmaterialien und Aufgabenstellungen an, um allen Schüler*innen gerecht zu werden.

Kooperatives Lernen anregen - Fördere Teamarbeit und Peer-to-Peer-Lernen, um den Austausch und das gegenseitige Lernen zu unterstützen.

Lernstrategien vermitteln - Bringe den Schüler*innen verschiedene Lernstrategien bei (z.B. Mindmapping, Chunking).

Praktische Anwendungen aufzeigen - Verknüpfe das Fachwissen mit praktischen Anwendungen aus dem Alltag oder der Berufswelt.

Spiralcurriculum anwenden - Wiederhole und vertiefe Themen immer wieder, um den Lernstoff langfristig zu verankern.

Selbstständiges Arbeiten fördern - Gib den Schüler*innen regelmäßig Aufgaben, die sie eigenständig lösen können.

Kritisches Denken anregen - Fordere die Schüler*innen zu Diskussionen und kritischem Hinterfragen des Lernstoffs auf.

Didaktische Reduktion üben - Übe, komplexe Themen auf das Wesentliche zu reduzieren, ohne wichtige Aspekte zu verlieren.

Lernziele regelmäßig anpassen - Passe die Lernziele bei Bedarf an den Lernfortschritt der Schüler*innen an.

Verknüpfung von Theorie und Praxis - Gestalte Unterrichtseinheiten, die sowohl theoretisches Wissen als auch praktische Fähigkeiten vermitteln.

Heterogenität anerkennen - Berücksichtige die unterschiedlichen Lernstile und Bedürfnisse der Schüler*innen.

Rückmeldungen konstruktiv geben - Gib gezieltes und konstruktives Feedback, um das Lernen der Schüler*innen zu fördern.

Evidenzbasierte Methoden anwenden - Setze Unterrichtsmethoden ein, die durch Forschung und Praxis bewährt sind.

Selbstreflexion betreiben - Reflektiere regelmäßig deine eigene Unterrichtspraxis und lerne aus deinen Erfahrungen.

Praxisnahe Aufgaben stellen - Gestalte Aufgabenstellungen, die einen direkten Bezug zur Lebenswelt der Schüler*innen haben.

Vorwissen aktivieren - Nutze Techniken, um das Vorwissen der Schüler*innen zu aktivieren, bevor neue Themen eingeführt werden.

Fehlerkultur entwickeln - Schaffe eine Atmosphäre, in der Fehler als Lernchancen betrachtet werden.

Lernmotivation steigern - Integriere spielerische Elemente oder Wettbewerbe, um die Lernmotivation zu fördern.

Projektarbeit anregen - Ermögliche den Schüler*innen, in Projekten selbstständig und kreativ zu arbeiten.

Klare Struktur und Übersicht bieten - Präsentiere Lerninhalte klar strukturiert, um den Schüler*innen Orientierung zu bieten.

Verständnisfragen stellen - Stelle regelmäßig Verständnisfragen, um sicherzustellen, dass die Schüler*innen den Stoff verstanden haben.

Wissen vernetzen - Hilf den Schüler*innen, Wissen aus verschiedenen Bereichen miteinander zu verknüpfen.

Kreative Aufgabenstellungen entwerfen - Entwirf Aufgaben, die die Schüler*innen zu kreativen Lösungsansätzen anregen.

Schüler*innen aktiv einbinden - Binde die Schüler*innen aktiv in den Unterricht ein, z.B. durch Präsentationen oder Gruppenarbeiten.

Einsatz von Lernspielen - Verwende Lernspiele, um das Fachwissen spielerisch zu vermitteln.

Spezielle Fachliteratur nutzen - Empfiehl Fachliteratur, die den Schüler*innen hilft, sich tiefer in Themen einzuarbeiten.

Lernmaterialien diversifizieren - Stelle unterschiedliche Lernmaterialien (z.B. Videos, Texte, Experimente) zur Verfügung.

Interaktive Lernmethoden verwenden - Setze interaktive Methoden ein, um den Lernprozess zu unterstützen.

Schüler*innen zur eigenen Zielsetzung anregen - Fordere die Schüler*innen auf, eigene Lernziele zu setzen und diese regelmäßig zu überprüfen.

Lerninhalte regelmäßig wiederholen - Sorge für regelmäßige Wiederholungen, um das langfristige Lernen zu fördern.

Lernumgebung optimieren - Gestalte den Lernraum so, dass er die Schüler*innen zur aktiven Teilnahme einlädt.

Individualisierte Förderung anbieten - Biete den Schüler*innen die Möglichkeit, gezielt an ihren individuellen vermeintlichen Schwächen zu arbeiten.

Mitarbeit fördern - Setze Techniken ein, um die Mitarbeit der Schüler*innen im Unterricht zu erhöhen.

Zusammenarbeit mit Kolleg*innen suchen - Arbeite regelmäßig mit Kolleg*innen zusammen, um von deren Erfahrungen und Ideen zu profitieren.

Selbstlerneinheiten einbauen - Gib den Schüler*innen selbstgesteuerte Lernaufgaben, die sie in eigenem Tempo bearbeiten können.

Veränderungsbereitschaft zeigen - Sei offen für neue didaktische Ansätze und probiere neue Unterrichtsmethoden aus.

Erfolge feiern - Feiere gemeinsam mit den Schüler*innen Erfolge und Lernfortschritte, um ihre Motivation zu steigern.

Feedback regelmäßig einholen – Sammle regelmäßiges Feedback von deinen Schüler*innen, um ihre Perspektiven und Bedürfnisse zu verstehen.

Positive Verstärkung nutzen – Verwende positives Feedback, um Erfolge und Fortschritte anzuerkennen.

Konstruktives Feedback geben – Gib Feedback, das sowohl Stärken als auch Verbesserungsbereiche aufzeigt.

Peer-Feedback fördern – Ermutige Schüler*innen, sich gegenseitig konstruktives Feedback zu geben.

Zielgerichtete Rückmeldungen – Gib Feedback, das konkret auf die Lernziele ausgerichtet ist.

Selbstreflexion anregen – Fordere Schüler*innen auf, ihre eigenen Leistungen zu reflektieren und zu bewerten.

Feedback in Echtzeit geben – Biete sofortiges Feedback während der Unterrichtsaktivitäten, um den Lernprozess zu fördern.

Individuelles Feedback anpassen – Passe das Feedback individuell an die Bedürfnisse und Lernstile der Schüler*innen an.

Versteckte Stärken aufzeigen – Gib Feedback, das verborgene Talente und Fähigkeiten der Schüler*innen zum Vorschein bringt.

Gesprächsführung im Feedback – Führe ein offenes Gespräch über das Feedback, damit Schüler*innen es besser verstehen können.

Bewertungen transparent machen – Erkläre den Schüler*innen, wie ihre Leistungen bewertet werden und warum.

Lernfortschritte sichtbar machen – Nutze Bewertungen, um den Fortschritt sichtbar und nachvollziehbar zu machen.

Formative Bewertungen einsetzen – Nutze kontinuierliche, formative Bewertungen, um den Lernprozess laufend zu unterstützen.

Zielvereinbarungen treffen – Vereinbare gemeinsam mit den Schüler*innen Lernziele und bewerte diese regelmäßig.

Fehler als Lernchance betrachten – Betrachte Fehler als wichtigen Teil des Lernprozesses und gib unterstützendes Feedback.

Kompetenzbasierte Rückmeldungen geben – Gib Feedback, das sich auf spezifische Kompetenzen und Fertigkeiten konzentriert.

Lernjournal führen – Führe ein Lernjournal, in dem Schüler*innen regelmäßig ihre Fortschritte und das erhaltene Feedback dokumentieren.

Feedback durch Fragen fördern – Stelle gezielte Fragen, um den Reflexionsprozess der Schüler*innen anzuregen.

Gamifizierung in Feedbackprozesse integrieren – Nutze spielerische Elemente, um den Feedbackprozess zu dynamisieren und motivierend zu gestalten.

Feedback durch Selbsteinschätzung einbauen – Lass Schüler*innen ihre eigenen Leistungen einschätzen und mit deinem Feedback abgleichen.

Bewertungen zeitnah geben – Versorge die Schüler*innen so schnell wie möglich mit Feedback nach einer Lernaktivität.

Anonymes Feedback einholen – Nutze anonyme Feedbackmethoden, um ehrlichere und offenere Rückmeldungen zu erhalten.

Individuelle Lernziele entwickeln – Arbeite mit den Schüler*innen an individuellen Zielen und gib gezieltes Feedback dazu.

Positives Verhalten verstärken – Bestärke positives Verhalten und lernerfolgreiche Handlungen durch spezifisches Feedback.

Peer-Learning fördern – Fördere den Austausch zwischen Schüler*innen durch Peer-Feedback.

Visuelle Feedbackmethoden verwenden – Nutze Grafiken, Diagramme oder visuelle Hilfsmittel, um Feedback anschaulicher zu gestalten.

Feedback durch digitale Tools erleichtern – Nutze digitale Plattformen oder Apps, um Feedback effizient zu geben und zu sammeln.

Feedback in Form von Zielen geben – Stelle Feedback in Form von klaren, erreichbaren Zielen dar.

Reflexionsgespräche führen – Organisiere regelmäßig Reflexionsgespräche, um Feedback effektiv zu verankern.

Gruppenfeedback fördern – Gib nicht nur Einzelfeedback, sondern auch Feedback zu Gruppenarbeiten, um Zusammenarbeit zu fördern.

Feedback in Form von Lob und Anerkennung gestalten – Verwende positives, lobendes Feedback, um Schüler*innen zu motivieren.

Kontinuierliche Selbstbewertung einführen – Fordere Schüler*innen zur regelmäßigen Selbstbewertung auf, um ihre Lernprozesse zu reflektieren.

Einbeziehung von Eltern in Feedbackprozesse – Binde Eltern in die Feedbackprozesse ein, um den Lernprozess auch außerhalb des Klassenraums zu unterstützen.

Verhalten und Lernfortschritte trennen – Gib Feedback zu Verhalten und Lernfortschritten separat, um Klarheit zu schaffen.

Klare Kriterien für Bewertungen festlegen – Stelle klare Bewertungsstandards auf, die für alle Schüler*innen nachvollziehbar sind.

Alternative Bewertungsmethoden ausprobieren – Experimentiere mit alternativen Bewertungsmethoden wie Portfolios oder Präsentationen.

Feedback aus verschiedenen Perspektiven einholen – Hole Feedback aus verschiedenen Quellen ein, z.B. von Kolleg*innen anderer Fachbereiche oder Eltern.

Bewertung und Feedback in regelmäßigen Abständen durchführen – Plane regelmäßige Rückmeldungs- und Bewertungsphasen ein, um den Lernprozess zu stabilisieren.

Interaktive Feedbackmethoden nutzen – Setze interaktive Methoden ein, wie Umfragen oder digitale Rückmeldetools, um Feedback dynamischer zu gestalten.

Förderung der Eigenverantwortung durch Feedback – Gib den Schüler*innen die Verantwortung, ihr eigenes Feedback zu nutzen und an ihrem Lernprozess zu arbeiten.

Bewertungen in verschiedenen Formaten bieten – Biete Feedback in verschiedenen Formaten wie schriftlich, mündlich oder digital an, je nach Vorliebe der Schüler*innen.

Feedback im Team reflektieren – Hole regelmäßig die Meinung deines Teams oder deiner Kolleg*innen zu Feedbackmethoden und deren Umsetzung ein.

Erfolge in kleinen Schritten würdigen – Achte darauf, auch kleinere Erfolge zu würdigen und Feedback dazu zu geben.

Vertrauen durch Feedback aufbauen – Nutze Feedback als Möglichkeit, Vertrauen und eine sichere Lernatmosphäre zu fördern.

Komplexität von Aufgaben berücksichtigen – Gib Feedback unter Berücksichtigung der Komplexität und der individuellen Lernvoraussetzungen der Schüler*innen.

Die Schüler*innen in den Feedbackprozess einbeziehen – Lass die Schüler*innen aktiv an der Gestaltung und Umsetzung von Feedbackprozessen teilhaben.

Reflektierende Pausen einbauen – Plane regelmäßige Pausen ein, in denen sich Schüler*innen über erhaltenes Feedback Gedanken machen können.

Feedback durch konkrete Handlungsvorschläge erweitern – Gehe über das reine Feedback hinaus und gib konkrete Vorschläge zur Verbesserung.

Kollaboratives Feedback fördern – Fördere das kollaborative Arbeiten und Feedbackgeben, um die Teamarbeit und Lernprozesse zu verstärken.

Verändere deine Perspektive - Behalte stets die Flexibilität, neue Methoden auszuprobieren und auf unvorhergesehene Herausforderungen kreativ zu reagieren.

Plane Pufferzeiten ein - Schaffe Raum für spontane Lernprozesse, indem du bewusst zeitliche Flexibilität in deine Planung integrierst.

Reflektiere regelmäßig - Mache eine wöchentliche Selbstreflexion, um zu erkennen, wie du auf Veränderungen reagiert hast und was du noch verbessern kannst.

Bleibe neugierig - Entwickle eine Haltung der Offenheit für neue Ideen und Technologien, die deine Lernmethoden bereichern könnten.

Binde Schüler*innen ein - Frage regelmäßig nach den Bedürfnissen und Wünschen deiner Schüler*innen, um den Unterricht flexibel anzupassen.

Akzeptiere Fehler - Sieh Fehler als Chance zur Weiterentwicklung und reagiere ruhig und lösungsorientiert.

Nutze verschiedene Lehrmethoden - Kombiniere unterschiedliche Lehransätze (z.B. projektbasiertes Lernen, kooperative Lernformen) je nach Situation.

Konstruiere alternative Lösungen - Entwickle Notfallpläne, falls ein geplanter Ablauf aufgrund unerwarteter Ereignisse gestört wird.

Setze auf individualisierte Lernangebote - Passe Aufgaben und Materialien an die unterschiedlichen Lernbedürfnisse deiner Schüler*innen an.

Übe dich in Geduld - Nimm dir Zeit, wenn Schüler*innen nicht sofort auf Veränderungen reagieren – gib Raum für Anpassung.

Nutze regelmäßige Feedbackrunden - Ermögliche es deinen Schüler*innen, Rückmeldungen zu geben, um den Unterricht flexibel zu gestalten.

Vermeide starre Routinen - Baue abwechslungsreiche Elemente in deinen Unterricht ein, um die Flexibilität zu fördern.

Sei offen für Veränderungen in der Klassenzusammensetzung - Reagiere flexibel auf wechselnde Klassenzusammensetzungen und deren Bedürfnisse.

Lerne kontinuierlich - Nimm an Fortbildungen teil, um deine Fähigkeiten zur Anpassung an neue Lernumgebungen zu erweitern.

Nutze digitale Tools - Integriere digitale Werkzeuge, um flexibel auf unterschiedliche Lernstile und -geschwindigkeiten zu reagieren.

Setze klare Ziele - Definiere klare Lernziele, um auch bei unerwarteten Veränderungen einen klaren Fokus zu behalten.

Schaffe eine flexible Lernumgebung - Organisiere den Raum so, dass Schüler*innen ihre Lernweise flexibel gestalten können (z.B. mobile Möbel).

Nutze projektbasiertes Lernen - Fördere selbstständiges Arbeiten und Problemlösen, damit Schüler*innen flexibler agieren können.

Reagiere auf Emotionen der Schüler*innen - Wenn Emotionen die Lernfähigkeit beeinträchtigen, passe deinen Unterricht entsprechend an.

Fördere eine offene Kommunikationskultur - Schaffe ein Umfeld, in dem Schüler*innen sich trauen, ihre Wünsche und Bedürfnisse zu äußern.

Plane regelmäßige Anpassungen - Überdenke deinen Unterricht regelmäßig und integriere notwendige Änderungen.

Bleibe empathisch - Zeige Verständnis für die individuellen Herausforderungen deiner Schüler*innen und reagiere flexibel.

Nutze kreative Medien - Experimentiere mit unterschiedlichen Medien (Videos, Podcasts, interaktive Tools), um flexibel auf Lernstile einzugehen.

Biete Wahlmöglichkeiten an - Gib den Schüler*innen die Möglichkeit, zwischen verschiedenen Lernmethoden zu wählen, um ihre Eigeninitiative zu fördern.

Lass Raum für Eigenverantwortung - Fördere die Selbstständigkeit der Schüler*innen, indem du sie ermutigst, eigene Lösungen zu finden.

Kombiniere synchrones und asynchrones Lernen - Integriere digitale Formate, die den Schüler*innen mehr Flexibilität bieten.

Nutze Peer-Learning - Fördere den Austausch und das gemeinsame Lernen, um flexibel auf unterschiedliche Lernniveaus einzugehen.

Integriere Gamification - Verwende spielerische Elemente, die Anpassungsfähigkeit und Flexibilität der Lernenden fördern.

Ermutige zu Feedback - Gib den Schüler*innen regelmäßig Gelegenheit, ihre Meinung zu deinem Unterricht zu äußern und Anpassungswünsche zu äußern.

Setze auf Differenzierung - Gestalte deine Unterrichtsmethoden und Materialien so, dass alle Schüler*innen auf ihrem Niveau abgeholt werden.

Verändere die Unterrichtsstruktur - Sei bereit, den Ablauf eines Unterrichtstages spontan zu ändern, wenn es die Situation erfordert.

Sei ansprechbar - Biete regelmäßige Sprechstunden an, um individuell auf die Bedürfnisse deiner Schüler*innen einzugehen.

Achte auf dein eigenes Wohlbefinden - Um flexibel reagieren zu können, achte auch auf deine eigene Balance und Gesundheit.

Beziehe verschiedene Lernorte ein - Nutze auch außerschulische Lernumgebungen (Exkursionen, digitale Lernplattformen).

Experimentiere mit Zeitmanagement - Setze unterschiedliche Zeitrahmen für Aufgaben, um den Schüler*innen die Möglichkeit zur Anpassung zu geben.

Fordere kreative Lösungsansätze - Stelle Fragen, die zum Umdenken anregen und deinen Schüler*innen helfen, neue Lösungswege zu finden.

Fördere Teamarbeit - Lass Schüler*innen in wechselnden Teams arbeiten, um die Anpassungsfähigkeit zu erhöhen.

Bleibe positiv - Fördere eine positive Einstellung zu Veränderungen, indem du selbst eine flexible und lösungsorientierte Haltung zeigst.

Stelle ressourcenorientierte Aufgaben - Gib Aufgaben, die auf den Stärken der Schüler*innen basieren, damit sie sich schnell anpassen können.

Erstelle ein flexibles Belohnungssystem - Biete verschiedene Anreize, die den unterschiedlichen Bedürfnissen deiner Schüler*innen gerecht werden.

Schaffe klar definierte Übergänge - Baue klare Übergänge zwischen den Phasen des Unterrichts, damit sich alle gut anpassen können.

Sei ein Vorbild für Veränderung - Zeige deinen Schüler*innen durch dein eigenes Verhalten, wie man flexibel auf Neues reagieren kann.

Setze auf offene Aufgabenformate - Biete offene Aufgaben, die es den Lernenden ermöglichen, ihre eigenen Lösungswege zu finden.

Fördere Metakognition - Hilf den Schüler*innen, ihre eigenen Lernprozesse zu reflektieren und flexibel darauf zu reagieren.

Vermeide Überstrukturierung - Gib deinen Schüler*innen die Freiheit, ihren Lernprozess selbst mitzugestalten.

Achte auf Diversität - Integriere unterschiedliche Perspektiven und Erfahrungen, um Flexibilität in der Gruppe zu fördern.

Nutze Lernfortschritts-Check-ins - Ermögliche regelmäßige Rückmeldungen, um flexibel auf den Lernstand einzugehen.

Etabliere individuelle Lernpläne - Fördere die Anpassungsfähigkeit, indem du auf die individuellen Bedürfnisse deiner Schüler*innen eingehst.

Fördere Selbstreflexion - Lass die Schüler*innen regelmäßig über ihre eigenen Lernprozesse nachdenken, um Anpassungsfähigkeit zu stärken.

Schaffe eine lernfreundliche Atmosphäre - Sorge für ein offenes, unterstützendes Klima, in dem sich alle flexibel entwickeln können.

Globale Perspektive vermitteln – Erweitere den Horizont deiner Schüler*innen, indem du regelmäßig Themen aus verschiedenen Kulturen und Ländern in den Unterricht integrierst.

Kulturelle Vielfalt feiern – Veranstalte regelmäßig interkulturelle Tage, an denen verschiedene Kulturen, Traditionen und Feste vorgestellt werden.

Interkulturelle Kommunikation fördern – Plane Aktivitäten, bei denen Schüler*innen mit verschiedenen Herkunftsländern zusammenarbeiten und sich austauschen.

Globale Herausforderungen diskutieren – Sprich aktuelle globale Themen (wie Klimawandel, Armut, Migration) im Unterricht an und fördere die Auseinandersetzung mit diesen Problemen.

Empathie für andere Kulturen entwickeln – Organisiere regelmäßige Begegnungen mit Menschen aus verschiedenen Kulturen, um den Austausch und das gegenseitige Verständnis zu fördern.

Sprachenvielfalt nutzen – Fördere das Erlernen von Fremdsprachen und ermögliche, dass Schüler*innen sprachliche Barrieren überwinden, um kulturelle Unterschiede besser zu verstehen.

Kulturelle Sensibilität durch Kunst stärken – Nutze Kunst und kreative Ausdrucksformen, um verschiedene Kulturen und ihre Werte zu präsentieren und Schüler*innen für kulturelle Unterschiede zu sensibilisieren.

Virtuelle Austauschprogramme starten – Nutze digitale Plattformen, um internationalen Austausch zu ermöglichen und interkulturelle Kommunikation zu fördern.

Globale Netzwerke nutzen – Baue Partnerschaften mit Schulen weltweit auf, um den Schüler*innen internationale Perspektiven zu vermitteln.

Gemeinsame Projekte mit internationalen Teams – Initiiere Projekte, bei denen Schüler*innen mit anderen Schulen aus dem Ausland zusammenarbeiten, um globale Themen zu erforschen.

Multikulturelle Literatur einsetzen – Lies Bücher und Texte aus verschiedenen Kulturen, um das Verständnis und die Wertschätzung für andere Perspektiven zu stärken.

Kritisches Denken anregen – Fordere die Schüler*innen auf, die Auswirkungen von globalen Themen und Entscheidungen auf verschiedene Kulturen und Länder zu hinterfragen.

Gastvorträge aus verschiedenen Kulturen organisieren – Lade Referent*innen aus unterschiedlichen Kulturkreisen ein, um die Vielfalt an Erfahrungen und Sichtweisen zu vermitteln.

Interkulturelles Feedback fördern – Ermögliche, dass Schüler*innen in interkulturellen Diskussionen konstruktives Feedback geben und erhalten.

Verborgene Vorurteile reflektieren – Setze gezielte Übungen und Diskussionen ein, um Vorurteile und Stereotype der Schüler*innen zu hinterfragen und zu reflektieren.

Globale Problemlösungen entwickeln – Lass die Schüler*innen in Gruppen global relevante Probleme identifizieren und kreative Lösungen dafür entwickeln.

Traditionen und Werte erforschen – Ermögliche es den Schüler*innen, die unterschiedlichen Traditionen und Werte von Menschen aus aller Welt zu erforschen und zu verstehen.

Kulturelle Empathie durch Rollenspiele stärken – Setze Rollenspiele ein, in denen Schüler*innen in die Rolle von Menschen aus anderen Kulturen schlüpfen und deren Perspektiven nachvollziehen können.

Nachhaltigkeit und globale Verantwortung thematisieren – Fördere Diskussionen und Projekte, die das Thema Nachhaltigkeit und die Verantwortung gegenüber der Weltgemeinschaft behandeln.

Kulturelles Erbe bewahren – Nutze das Wissen über historische Ereignisse und kulturelle Erbschaften aus verschiedenen Ländern, um den Schüler*innen die Bedeutung des kulturellen Erbes näherzubringen.

Interaktive Medien zur Kulturvermittlung nutzen – Setze Filme, Dokumentationen und Podcasts ein, die unterschiedliche kulturelle Perspektiven beleuchten.

Begegnungen mit internationalen Schüler*innen anregen – Organisiere Schüleraustauschprogramme oder internationale Schulpartnerschaften, um direktes interkulturelles Lernen zu fördern.

Vielfältige Musikstile einbeziehen – Nutze Musik aus verschiedenen Ländern, um Schüler*innen für kulturelle Vielfalt und unterschiedliche Ausdrucksformen zu sensibilisieren.

Kulturelle Sensibilität in Diskussionen fördern – Achte darauf, dass Diskussionen in der Klasse auf einem respektvollen, interkulturell sensiblen Niveau geführt werden.

Visuelle Kommunikation nutzen – Zeige den Schüler*innen visuelle Darstellungen von verschiedenen Kulturen, um das Verständnis für deren Lebensweise und Werte zu vertiefen.

Fremde Kulturen in den Alltag integrieren – Lass kulturelle Elemente wie Rezepte, Traditionen und Feste in den täglichen Unterrichtsablauf einfließen.

Globale Netzwerke und Ressourcen nutzen – Stelle den Schüler*innen Online-Ressourcen zur Verfügung, die ihnen helfen, verschiedene Kulturen und globale Perspektiven zu entdecken.

Verantwortung für globale Themen übernehmen – Zeige den Schüler*innen auf, dass sie Teil einer globalen Gemeinschaft sind und Verantwortung für weltweite Entwicklungen übernehmen können.

Kritische Reflexion über Medieninhalte anregen – Fördere die Auseinandersetzung mit globalen Themen in den Medien und hinterfrage gemeinsam, wie diese Themen weltweit dargestellt werden.

Weltweite Projekte initiieren – Ermögliche den Schüler*innen, an weltweiten Aktionen und Kampagnen teilzunehmen, um globales Engagement zu fördern.

Multikulturelle Feste veranstalten – Plane Feste oder Feiern, bei denen unterschiedliche Kulturen vorgestellt und durch gemeinsames Erleben wertgeschätzt werden.

Globale Netzwerke in der Schule aufbauen – Fördere das Engagement für globale Netzwerke und Initiativen, an denen die Schüler*innen aktiv teilnehmen können.

Zusammenarbeit mit NGOs stärken – Ermögliche Kooperationen mit internationalen Nichtregierungsorganisationen, um die Bedeutung globaler Arbeit und sozialen Engagements zu verdeutlichen.

Globales Lernen in den Alltag integrieren – Fördere das Bewusstsein für globale Themen im Alltag der Schüler*innen, z. B. durch Diskussionen über globale Ereignisse und deren Auswirkungen.

Kulturelle Brücken bauen – Fördere die Zusammenarbeit zwischen Schüler*innen unterschiedlicher kultureller Herkunft und unterstütze das gegenseitige Verständnis und den Austausch.

Fremde Kulturen durch Theater entdecken – Lass Schüler*innen Theaterstücke aus verschiedenen Kulturen spielen, um diese auf kreative Weise zu erleben und zu verstehen.

Globaler Austausch von Erfahrungen ermöglichen – Ermutige Schüler*innen, ihre eigenen globalen Erfahrungen und Perspektiven zu teilen, um den Austausch zu fördern.

Kulturelle Konflikte thematisieren – Diskutiere mit den Schüler*innen über mögliche Konflikte zwischen Kulturen und Wege, wie diese respektvoll und konstruktiv gelöst werden können.

Zusammenarbeit mit internationalen Medien fördern – Lass Schüler*innen internationale Medienquellen untersuchen, um den Einfluss der globalen Kommunikation zu erkennen.

Reflexion von Weltbildern anregen – Stelle Fragen, die den Schüler*innen helfen, über ihre eigenen Weltbilder nachzudenken und diese aus globaler Sicht zu erweitern.

Interkulturelles Lernen im Alltag stärken – Lasse interkulturelles Lernen durch Alltagsbegegnungen und die Vielfalt in der Schulgemeinschaft regelmäßig erlebbar werden.

Lernen durch Reisen und Ausflüge – Organisiere Ausflüge zu kulturellen Veranstaltungen oder in Regionen mit unterschiedlichen kulturellen Schwerpunkten.

Interkulturelle Konfliktlösung üben – Entwickle Übungen, bei denen Schüler*innen lernen, interkulturelle Konflikte zu erkennen und konstruktiv zu lösen.

Globale Perspektiven in Naturwissenschaften einfließen lassen – Thematisiere die globalen Dimensionen von naturwissenschaftlichen Fragestellungen, wie Umweltverschmutzung oder Ressourcenverteilung.

Globale Verantwortung durch Projekte vermitteln – Initiiere Projektarbeit, in der Schüler*innen globale Verantwortung übernehmen und aktiv zur Lösung von Problemen beitragen.

Vielfältige Medien zur Kulturvermittlung nutzen – Setze diverse Medien wie Filme, YouTube-Videos oder interaktive Plattformen ein, um unterschiedliche Kulturen zu vermitteln.

Kulturelle Sensibilität im Lehrplan verankern – Achte darauf, dass der Lehrplan und die Unterrichtsinhalte interkulturelle Themen und globale Fragestellungen aufgreifen.

Globales Denken durch Teamarbeit fördern – Ermögliche Schüler*innen in Teams an globalen Themen zu arbeiten, um Perspektivenvielfalt zu fördern und Lösungen zu entwickeln.

Vorurteile abbauen – Setze Übungen ein, die dazu anregen, über stereotype Vorstellungen und Vorurteile nachzudenken und diese abzubauen.

Globale Perspektiven durch digitale Tools erweitern – Nutze digitale Tools wie virtuelle Reisen oder interaktive Karten, um den Schüler*innen eine visuelle Vorstellung von verschiedenen Kulturen und Ländern zu vermitteln.

Lernprofile erstellen - Erstelle zu Beginn ein detailliertes Lernprofil für jedes Kind, um Stärken, Schwächen und Lernvorlieben zu erkennen.

Förderpläne entwickeln - Erstelle individuelle Förderpläne, die auf die speziellen Bedürfnisse jedes Lernenden zugeschnitten sind.

Lernziele anpassen - Passe die Lernziele an die unterschiedlichen Lernstände und Fähigkeiten der Schüler*innen an.

Regelmäßige Reflexionen durchführen - Lass die Schüler*innen regelmäßig ihre eigenen Lernfortschritte reflektieren und passe die Unterstützung darauf an.

Vielfältige Lernmaterialien bereitstellen - Biete verschiedene Materialien an (Videos, Texte, Audio), um auf unterschiedliche Lernstile einzugehen.

Lernstrategien vermitteln - Zeige den Schüler*innen verschiedene Lerntechniken (z.B. Mindmapping, Wiederholungen, Chunking) und lass sie die für sie passende auswählen.

Differenzierte Aufgabenstellungen bieten - Gib den Schüler*innen Aufgaben auf verschiedenen Niveaus, die ihrem aktuellen Wissensstand entsprechen.

Individuelle Arbeitszeit einplanen - Plane regelmäßig Zeit ein, in der sich jede*r Schüler*in intensiv mit einem Thema im eigenen Tempo auseinandersetzen kann.

Feedback gezielt anpassen - Gib individuelles und zeitnahes Feedback, das den Lernprozess fördert und auf die Fortschritte jedes*r Schülers*in eingeht.

Erfolge feiern - Feiere kleine und große Erfolge der Schüler*innen, um Motivation und Selbstbewusstsein zu stärken.

Selbstständigkeit fördern - Stärke die Selbstständigkeit der Schüler*innen, indem du ihnen die Möglichkeit gibst, eigenständig zu lernen und Entscheidungen zu treffen.

Individuelle Lernziele vereinbaren - Setze gemeinsam mit den Schüler*innen realistische und personalisierte Lernziele, die deren Interessen und Fähigkeiten berücksichtigen.

Lernfortschritte dokumentieren - Halte die Fortschritte jedes Lernenden schriftlich fest, um einen Überblick zu behalten und gezielt zu unterstützen.

Lernumgebung anpassen - Gestalte den Lernraum so, dass er die individuellen Bedürfnisse und Vorlieben der Schüler*innen widerspiegelt (z.B. ruhige Ecken für konzentriertes Arbeiten).

Lernpartnerschaften fördern - Bilde Paare oder Gruppen mit komplementären Fähigkeiten, damit Schüler*innen voneinander lernen können.

Anpassung des Lernrhythmus - Lass den Schüler*innen genug Zeit, um Aufgaben abzuschließen, und passe den Zeitrahmen den individuellen Bedürfnissen an.

Multisensorische Lernmethoden anwenden - Nutze verschiedene Sinneskanäle (sehen, hören, fühlen), um den Lernprozess abwechslungsreich und effektiv zu gestalten.

Gezielte Rückfragen stellen - Stelle Fragen, die den Schüler*innen helfen, über das Gelernte nachzudenken und tieferes Verständnis zu entwickeln.

Gegenseitige Lernhilfe ermöglichen - Lass Schüler*innen sich gegenseitig helfen, um voneinander zu lernen und verschiedene Perspektiven zu entdecken.

Zugang zu Lernressourcen sichern - Stelle sicher, dass alle Schüler*innen Zugang zu den benötigten Ressourcen haben (z.B. Computer, Bücher, Apps).

Flexible Arbeitsmethoden zulassen - Lass Schüler*innen unterschiedliche Methoden ausprobieren, um zu lernen, z.B. Gruppenarbeit, individuelle Arbeit oder digitale Medien.

Erkläre Lernprozesse transparent - Erkläre den Schüler*innen, warum bestimmte Aufgaben oder Methoden wichtig sind, damit sie den Sinn dahinter erkennen.

Ermutige zur Eigenverantwortung - Gib den Schüler*innen Verantwortung für ihre eigenen Lernprozesse, indem du sie regelmäßig selbstständig arbeiten lässt.

Lernziele regelmäßig überprüfen - Überprüfe regelmäßig, ob die Lernziele immer noch sinnvoll und realistisch sind, und passe sie bei Bedarf an.

Vorbereitung auf Prüfungen individuell gestalten - Hilf den Schüler*innen, sich gezielt auf Prüfungen vorzubereiten, indem du ihre spezifischen Herausforderungen ansprichst.

„Lernlücken" frühzeitig erkennen - Identifiziere „Lernlücken" und biete gezielte Unterstützung, um diese zu schließen, bevor sie größere Probleme verursachen.

Motivation durch Auswahlmöglichkeiten steigern - Lass die Schüler*innen aus verschiedenen Aufgaben oder Themenbereichen wählen, um ihre Interessen zu wecken und zu fördern.

Zusätzliche Lernangebote bereitstellen - Biete ergänzende Materialien und Übungen an, die den Schüler*innen bei Bedarf weiterhelfen.

Gemeinsame Zielsetzung fördern - Setze mit den Schüler*innen gemeinsame Lernziele, die deren individuelle Entwicklung berücksichtigen.

Gezielte Fragetechniken verwenden - Nutze offene Fragen, um das Denken und die Selbstreflexion der Schüler*innen zu fördern.

Positive Lernatmosphäre schaffen - Achte darauf, eine angenehme und unterstützende Lernumgebung zu schaffen, in der sich alle wohlfühlen.

Individualisierte Tests und Prüfungen anbieten - Passe Tests und Prüfungen so an, dass sie den individuellen Lernstand und die Fähigkeiten der Schüler*innen widerspiegeln.

Selbstgesteuertes Lernen fördern - Gib den Schüler*innen die Möglichkeit, sich selbstständig mit einem Thema auseinanderzusetzen und ihre eigene Lernstrategie zu entwickeln.

Individuelle Rückzugsorte schaffen - Biete den Schüler*innen Rückzugsorte an, an denen sie ungestört und konzentriert arbeiten können.

Unterstützungsnetzwerke etablieren - Baue Netzwerke von Unterstützer*innen (z.B. andere Lehrkräfte, Mentor*innen) auf, die den Schüler*innen bei Bedarf weiterhelfen können.

Lernfortschritte visualisieren - Verwende visuelle Hilfsmittel (z.B. Lernpläne, Fortschrittsbalken), um die Entwicklung der einzelnen Schüler*innen sichtbar zu machen.

Zusätzliche Lernmöglichkeiten außerhalb des Unterrichts schaffen - Organisiere außerschulische Lernmöglichkeiten (z.B. Exkursionen, Workshops), die das Lernen vertiefen.

Pausen und Erholung einplanen - Plane regelmäßige Pausen ein, um den Schüler*innen Raum für Erholung und Reflexion zu geben.

Fehler als Lernchance nutzen - Verwandle Fehler in eine Gelegenheit, um über Lernprozesse nachzudenken und neue Lösungswege zu entwickeln.

Individualisierte Belohnungssysteme einführen - Setze Belohnungen ein, die auf den Bedarf. die Vorlieben und Motivationen der Schüler*innen abgestimmt sind.

Förderung von Teamarbeit - Stärke Teamarbeit, indem du Gruppenprojekte organisierst, bei denen die Schüler*innen ihre individuellen Stärken einbringen können.

Lernfortschritte öffentlich würdigen - Zeige die Fortschritte der Schüler*innen in einer Art und Weise, die Anerkennung und Stolz hervorruft (z.B. Auszeichnungen, Präsentationen).

Anpassung von Prüfungsformaten - Passe die Prüfungsformate an, um den individuellen Stärken und Schwächen der Schüler*innen gerecht zu werden.

Technologie als Unterstützung einsetzen - Nutze Lern-Apps und digitale Tools, die den Schüler*innen individuell zugeschnittene Lernpfade ermöglichen.

Eigenständige Projekte initiieren - Fordere die Schüler*innen heraus, eigenständig Projekte zu entwickeln, um ihre Kreativität und Selbstständigkeit zu fördern.

Individuelle Förderung in Kleingruppen anbieten - Biete individuelle Unterstützung in kleinen Gruppen an, um gezielt auf die Bedürfnisse jedes Einzelnen einzugehen.

Mentoring-Programme einführen - Setze Mentoring-Programme ein, bei denen Schüler*innen ihren Mitschüler*innen helfen.

Zukunftsperspektiven entwickeln - Sprich regelmäßig mit den Schüler*innen über ihre Ziele und wie sie diese erreichen können, um eine langfristige Motivation aufzubauen.

Beratung und Unterstützung bei persönlichen Herausforderungen bieten - Sei auch Ansprechpartner*in für deine Schüler*innen, wenn sie persönliche Herausforderungen haben, die ihren Lernprozess beeinflussen.

Förderung von Gruppendiskussionen – Organisiere regelmäßige Gruppenmeetings, um den Austausch und die Teamarbeit zu fördern.

Teamprojekte gestalten – Plane Projekte, die nur durch Zusammenarbeit erfolgreich abgeschlossen werden können.

Peer-Learning etablieren – Setze Mentoren- und Peer-Learning-Gruppen ein, damit Schüler*innen voneinander lernen.

Kooperative Problemstellungen entwickeln – Gib den Schüler*innen komplexe Aufgaben, die nur im Team gelöst werden können.

Vielfältige Kommunikationstechniken einführen – Fördere verschiedene Kommunikationsmethoden wie Debatten, Präsentationen und Gruppenarbeiten.

Feedbackrunden integrieren – Plane regelmäßige Feedback-Sessions, in denen Schüler*innen sich gegenseitig konstruktive Rückmeldungen geben.

Lernplattformen für Zusammenarbeit nutzen – Implementiere digitale Tools zur Unterstützung von Teamarbeit und Austausch.

Gruppenrollen vergeben – Weise in Gruppenarbeiten unterschiedliche Rollen zu, um Verantwortung zu fördern.

Lernpartnerschaften etablieren – Stelle Schüler*innen als Lernpartner*innen zusammen, die sich gegenseitig unterstützen.

Interaktive Workshops anbieten – Organisiere Workshops, die interaktive Teamarbeit und kooperative Lösungsansätze betonen.

Soziale Netzwerke nutzen – Ermutige Schüler*innen, soziale Netzwerke zur Wissensvermittlung und Zusammenarbeit zu nutzen.

Gemeinsame Ziele setzen – Setze klare, gruppenweite Ziele, an deren Erreichung alle Mitglieder zusammenarbeiten müssen.

Regelmäßige Teamreflexion durchführen – Fordere die Schüler*innen auf, regelmäßig zu reflektieren, wie sie als Gruppe zusammenarbeiten.

Kreative Brainstorming-Sessions – Fördere kreative Denkprozesse, indem du regelmäßig Brainstorming-Sitzungen veranstaltest.

Erfolge gemeinsam feiern – Feiere die Erfolge von Gruppenarbeit gemeinsam, um die Teamdynamik zu stärken.

Vielfältige Perspektiven einbeziehen – Achte darauf, dass in Gruppen unterschiedliche Perspektiven und Ideen berücksichtigt werden.

Interdisziplinäre Zusammenarbeit fördern – Erstelle Projekte, bei denen Schüler*innen aus unterschiedlichen Disziplinen zusammenarbeiten.

Kooperative Spiele einsetzen – Nutze kooperative Lernspiele, um den Teamgeist zu stärken.

Teamarbeit in der Praxis anwenden – Binde Teamarbeit in reale Projekte oder soziale Engagements ein, um praktische Erfahrungen zu sammeln.

Rollenspiele zur Teamarbeit durchführen – Setze Rollenspiele ein, um Kommunikations- und Teamfähigkeiten zu entwickeln.

Sicherheitszone für Fehler schaffen – Fördere ein Umfeld, in dem Fehler als Lernchancen gesehen werden und das Team unterstützt wird.

Gemeinsame Entscheidungsfindung ermöglichen – Lass die Gruppe gemeinsam Entscheidungen treffen, um Verantwortungsbewusstsein zu fördern.

Lernmaterialien gemeinsam erstellen – Ermuntere die Schüler*innen, gemeinsam Lernmaterialien zu erarbeiten.

Lernprozesse gemeinsam dokumentieren – Fördere das gemeinsame Festhalten von Lernergebnissen und Prozessen durch gemeinsame Dokumentation.

Kooperative Projektplanung – Plane Projekte so, dass jeder seine Stärken einbringen kann und die Verantwortung verteilt ist.

Kommunikationsbarrieren abbauen – Achte darauf, dass alle Stimmen in der Gruppe gehört werden und Kommunikationsbarrieren abgebaut werden.

Cross-Functional Teams bilden – Stelle Gruppen mit verschiedenen Fähigkeiten zusammen, um ein breites Spektrum an Lösungsansätzen zu ermöglichen.

Lernfortschritte gemeinsam bewerten – Erstelle ein System, bei dem der Lernfortschritt von Gruppenmitgliedern zusammen bewertet wird.

Lernziele gemeinsam festlegen – Lass die Schüler*innen ihre Lernziele im Team selbst definieren, um Motivation und Verantwortungsgefühl zu steigern.

Gruppe als Ressource betrachten – Mache den Lernprozess zum gemeinsamen Dialog, bei dem jeder aus der Gruppe Nutzen zieht.

Lernplan als Teamarbeit gestalten – Entwickle mit den Schüler*innen gemeinsam einen Lernplan, der auf den Teamzielen basiert.

Motivationsrunden einbauen – Beginne Gruppenaktivitäten mit einer kurzen Motivationsrunde, in der jeder seine Ziele teilt.

Ergebnisse gemeinsam präsentieren – Plane Gruppenpräsentationen, bei denen die Ergebnisse im Team erarbeitet und präsentiert werden.

Virtuelle Zusammenarbeit ermöglichen – Setze digitale Tools ein, um auch in virtuellen Lernumgebungen Teamarbeit zu fördern.

Kollaborative Zielverwirklichung feiern – Feiere gemeinsam mit der Gruppe die Erreichung von Teamzielen.

Vertrauen aufbauen – Sorge für ein offenes und respektvolles Klima, in dem jede und jeder seine Meinung äußern kann.

Komplexe Aufgaben aufteilen – Teile große Aufgaben in kleinere, gut abgrenzbare Aufgaben, die im Team bearbeitet werden.

Kritisches Denken im Team fördern – Nutze Diskussionen, um die Fähigkeit zum kritischen Denken innerhalb des Teams zu fördern.

Gemeinsame Problemlösungsprozesse entwickeln – Setze auf eine strukturierte Herangehensweise zur gemeinsamen Problemlösung im Team.

Offene Feedbackkultur etablieren – Etabliere eine Kultur, in der offenes und ehrliches Feedback gegeben wird.

Ideen gemeinsam evaluieren – Fördere die kritische Diskussion von Ideen, um bessere Ergebnisse zu erzielen.

Virtuelle Gruppenarbeit ermöglichen – Nutze Online-Plattformen, um auch virtuelle Gruppenarbeit effektiv zu gestalten.

Verschiedene Denkstile integrieren – Achte darauf, dass verschiedene Denkstile in der Gruppenarbeit zum Tragen kommen.

Offene Diskussionen fördern – Ermögliche regelmäßige Diskussionsrunden zu relevanten Themen im Team.

Kooperation statt Wettbewerb fördern – Ermutige zur Kooperation, statt auf Wettbewerb innerhalb des Lernprozesses zu setzen.

Diverse Perspektiven wertschätzen – Fördere die Wertschätzung unterschiedlicher Perspektiven und Erfahrungen.

Konflikte konstruktiv lösen – Schaffe ein Umfeld, in dem Konflikte offen und konstruktiv gelöst werden können.

Gemeinsame Pausen einplanen – Plane gemeinsame Pausen ein, um den Zusammenhalt im Team zu stärken.

Flexibilität bei der Teamarbeit – Fördere Flexibilität und Anpassungsfähigkeit bei der Teamarbeit, um auf unterschiedliche Bedürfnisse einzugehen.

Kreative Problemlösungsmethoden anwenden – Setze kreative Problemlösungsmethoden wie Design Thinking oder Mind Mapping ein, um die Zusammenarbeit zu fördern.

Aktives Zuhören üben - Setze dich regelmäßig mit deinen Schüler*innen zusammen und höre ihnen aufmerksam zu, ohne sie zu unterbrechen.

Feedback-Runden einführen - Beginne jede Unterrichtseinheit mit einer kurzen Feedback-Runde, um die Kommunikation zu fördern.

Fragen stellen - Stelle offene, explorative Fragen, um das Denken und die Kommunikation zu fördern.

Nonverbale Kommunikation beachten - Achte auf Körpersprache und Mimik, sowohl bei dir selbst als auch bei deinen Schüler*innen.

Rollenspiele durchführen - Organisiere Rollenspiele, um Kommunikationsfähigkeiten in unterschiedlichen Situationen zu stärken.

Klarheit in der Ausdrucksweise - Übe, komplexe Informationen klar und prägnant zu formulieren.

Aktives Nachfragen praktizieren - Frage regelmäßig nach, ob deine Erklärungen verstanden wurden, um Missverständnisse zu vermeiden.

Wortschatz erweitern - Ermuntere deine Schüler*innen, ihren Wortschatz zu erweitern, und gib ihnen regelmäßig neue Begriffe oder Redewendungen an die Hand.

Kritik konstruktiv formulieren - Übe, auch in schwierigen Situationen konstruktive und positive Kritik zu äußern.

Schriftliche Kommunikation üben - Lass deine Schüler*innen regelmäßig kurze Texte oder Notizen verfassen, um ihre schriftliche Ausdrucksfähigkeit zu fördern.

Visuelle Hilfsmittel einsetzen - Nutze Bilder, Diagramme oder Mindmaps, um Informationen verständlicher zu machen.

Gruppendiskussionen moderieren - Fördere Diskussionen und achte darauf, dass alle zu Wort kommen.

Aktive Teilnahme an Gesprächen fördern - Animiere deine Schüler*innen, aktiv an Gesprächen teilzunehmen und ihre Meinung zu äußern.

Technologien zur Kommunikation nutzen - Setze digitale Tools ein, um die schriftliche Kommunikation zu fördern (z.B. E-Mails, Foren).

Einfache Sprache verwenden - Verwende eine klare, einfache Sprache, wenn du komplexe Themen erklärst.

Kommunikationsspiele einsetzen - Nutze Spiele, die die Kommunikationsfähigkeit verbessern, wie „Stille Post" oder „Wer bin ich?".

Emotionen benennen und ansprechen - Fördere das Sprechen über Gefühle und Emotionen in verschiedenen Situationen.

Woche der Offenheit einführen - Plane eine Woche, in der alle Fragen erlaubt sind, um die Offenheit in der Kommunikation zu fördern.

Empathie trainieren - Übe mit deinen Schüler*innen, sich in die Lage anderer hineinzuversetzen und deren Perspektive zu verstehen.

Teamarbeit stärken - Fördere Teamarbeit, um Schüler*innen zu ermutigen, ihre Gedanken und Ideen auszutauschen.

Deeskalationstechniken lernen - Lehre Methoden zur Konfliktlösung und deeskaliere schwierige Gesprächssituationen.

Einsatz von Metaphern und Geschichten - Nutze Metaphern und Geschichten, um komplexe Themen verständlich zu machen.

Verständnisfragen stellen - Fördere das Nachfragen bei Unklarheiten und stelle selbst Verständnisfragen.

Wöchentliche Reflexion einführen - Führe wöchentliche Reflexionen zu Kommunikationsprozessen ein, um deren Qualität zu verbessern.

Positive Gesprächskultur schaffen - Achte darauf, dass im Unterricht eine respektvolle und freundliche Gesprächskultur herrscht.

Verkürzte Notizen anfertigen - Übe das Erstellen von klaren und präzisen Notizen während Besprechungen.

Dialogische Lehrmethoden anwenden - Nutze dialogische Methoden, bei denen Kommunikation im Vordergrund steht.

Einzelgespräche führen - Biete regelmäßig Einzelgespräche an, um intensiver auf die Bedürfnisse und Anliegen deiner Schüler*innen einzugehen.

Kommunikationsbarrieren identifizieren - Reflektiere regelmäßig über Hindernisse, die die Kommunikation erschweren, und arbeite aktiv daran, sie abzubauen.

Geduld üben - Zeige Geduld und lasse deinen Schüler*innen Zeit, ihre Gedanken zu formulieren.

Kreative Ausdrucksformen zulassen - Erlaube deinen Schüler*innen, auch unkonventionelle Kommunikationsformen zu nutzen, wie Zeichnen oder Musik.

Humor gezielt einsetzen - Verwende Humor, um die Kommunikation aufzulockern und eine angenehme Atmosphäre zu schaffen.

Metakommunikation fördern - Achte darauf, auch die Art und Weise der Kommunikation zu thematisieren, um Missverständnisse zu vermeiden.

Aktive Teilnahme an Schülerprojekten - Fördere Projekte, in denen Schüler*innen eigenständig kommunizieren und Verantwortung übernehmen können.

Wertschätzung ausdrücken - Zeige deinen Schüler*innen regelmäßig Wertschätzung für ihre Beiträge zur Kommunikation.

Wöchentliche Kommunikationsübungen - Plane jede Woche kurze Übungen zur Verbesserung der Kommunikationsfähigkeit ein.

Interkulturelle Kommunikation üben - Fördere den Austausch zwischen Schüler*innen unterschiedlicher kultureller Hintergründe.

Kooperative Lernmethoden anwenden - Nutze kooperative Lernmethoden, bei denen Kommunikation im Team wichtig ist.

Auf Körpersprache achten - Achte aktiv auf die Körpersprache von dir selbst und deinen Schüler*innen, um Missverständnisse zu vermeiden.

Komplexe Themen einfach erklären - Übe, komplexe Themen so zu erklären, dass sie auch ohne Fachwissen verständlich sind.

Schriftliche Kommunikation strukturieren - Fördere das Schreiben strukturierter Texte (z.B. Briefe, Berichte), um die schriftliche Ausdruckskraft zu stärken.

Gesprächsleitfäden erstellen - Entwickle gemeinsam mit deinen Schüler*innen Gesprächsleitfäden für bestimmte Situationen.

Silence Time einführen - Plane regelmäßige stille Phasen ein, in denen Schüler*innen nachdenken und ihre Gedanken sammeln können.

Wertschätzendes Zuhören trainieren - Übe aktiv, beim Zuhören Wertschätzung und Interesse zu zeigen.

Gesprächspausen einbauen - Baue bewusst Gesprächspausen ein, damit alle ausreichend Zeit haben, sich auszudrücken.

Fremdsprachen-Kommunikation fördern - Setze den Fokus auf Kommunikationsfähigkeiten in Fremdsprachen, um die Sprachkompetenz zu erweitern.

Storytelling anwenden - Nutze Storytelling, um schwierige oder komplexe Themen zu veranschaulichen und das Interesse zu wecken.

Paraphrasieren üben - Wiederhole die Aussagen deiner Schüler*innen mit eigenen Worten, um das Verständnis zu überprüfen.

E-Mail-Kommunikation optimieren - Lehre den richtigen Umgang mit E-Mails, um klare und professionelle schriftliche Kommunikation zu fördern.

Achtsamkeitsübungen durchführen - Fördere achtsame Kommunikation durch gezielte Achtsamkeitsübungen, um den Dialog zu vertiefen und Missverständnisse zu reduzieren.

Förderung der Problemlösungskompetenz - Fordere die Schüler*innen heraus, unkonventionelle Lösungen zu finden.

Brainstorming-Sessions - Organisiere regelmäßige Ideenfindungsrunden, ohne Einschränkungen.

„Was wäre, wenn…?"-Fragen stellen - Rege dazu an, aus neuen Perspektiven zu denken.

Interaktive Gruppenprojekte - Setze Schüler*innen in Teams zusammen, um innovative Projekte zu entwickeln.

Regelmäßige kreative Pausen einbauen - Biete kurze kreative Entspannungsphasen für frische Ideen an.

Kreative Denktechniken einführen - Lehre Methoden wie Mind-Mapping oder lateral Thinking.

„Fehler als Chance"-Philosophie - Ermutige dazu, aus Fehlern zu lernen und neue Ansätze zu entwickeln.

Kunst und Kreativität im Unterricht integrieren - Nutze Kunst, um kreative Denkprozesse zu fördern.

Interdisziplinäres Arbeiten fördern - Lass Schüler*innen Konzepte aus verschiedenen Fächern miteinander verbinden.

Woche der Innovation - Veranstalte ein Kreativitäts-Event, bei dem Ideen präsentiert werden.

Innovation durch Spiel fördern - Nutze kreative Spiele, um Denkblockaden zu lösen.

Zukunftsvisionen entwickeln - Lass die Schüler*innen in die Zukunft blicken und innovative Lösungen für Probleme der Zukunft entwickeln.

Neue Technologien nutzen - Setze digitale Tools zur kreativen Ideengenerierung ein.

Gäste einladen - Lass Gastredner*innen oder Expert*innen aus verschiedenen Bereichen zu Wort kommen.

Tägliche „Kreativitätsübungen" einführen - Beginne jeden Unterricht mit einer kurzen kreativen Übung.

Erfinderwerkstatt aufbauen - Schaffe eine Werkstatt, in der Schüler*innen Dinge erfinden und bauen können.

Lernräume gestalten - Sorge für eine Umgebung, die Kreativität fördert – unkonventionelle Möbel, inspirierende Materialien.

Schüler*innen zu Risikobereitschaft anregen - Fördere ein Klima, in dem es okay ist, unorthodoxe Ideen zu verfolgen.

Gedanken visuell darstellen - Fördere das Skizzieren und Visualisieren von Ideen.

Kreativitätsfördernde Musik nutzen - Setze Musik gezielt ein, um die Kreativität während der Arbeit zu steigern.

Innovative Lernmethoden testen - Experimentiere mit neuen Lehrmethoden und passe sie flexibel an.

Reflexion fördern - Schaffe regelmäßig Zeit, um kreative Prozesse zu reflektieren und zu verbessern.

Vorbild in Innovation und Kreativität sein - Zeige durch eigene Projekte, wie Kreativität in der Praxis aussieht.

Kreativität mit sozialen Themen verbinden - Ermutige die Schüler*innen, innovative Lösungen für gesellschaftliche Probleme zu finden.

Experimentelle Aufgaben stellen - Gib Aufgaben, die den Schüler*innen die Freiheit lassen, verschiedene Lösungswege zu testen.

Wettbewerbe organisieren - Veranstalte kreative Wettbewerbe mit einem klaren Ziel oder Thema.

Mind-Maps zusammen erstellen - Entwickle mit den Schüler*innen Mind-Maps zu komplexen Themen.

Verborgene Talente fördern - Gib Raum für individuelle Interessen, die kreatives Potenzial freisetzen.

„Unmögliche" Projekte wagen - Setze Projekte um, die auf den ersten Blick unrealistisch erscheinen.

Analogien nutzen - Fordere dazu auf, Ideen aus anderen Bereichen auf das Lernziel zu übertragen.

Offene Feedback-Kultur schaffen - Ermögliche, dass Schüler*innen Ideen in einem offenen, unterstützenden Umfeld teilen.

Rollenspiele zur Ideenfindung - Nutze Rollenspiele, um neue Perspektiven und Lösungen zu entwickeln.

Kreativität durch Fragen fördern - Fordere regelmäßig Antworten auf „Warum?" und „Wie könnte man…?" – Fragen ein.

Teamwork anregen - Fördere Zusammenarbeit, um kreative Synergien zu erzeugen.

Pausen für kreative Entfaltung - Schaffe strukturierte Pausen, in denen die Schüler*innen ihre Kreativität ausleben können.

Feedback von außen einholen - Fordere andere, z. B. Eltern oder Kolleg*innen, zu kreativen Inputs auf.

Verschiedene Denkansätze kombinieren - Experimentiere mit verschiedenen kreativen Denkmodellen und Methoden.

Selbstreflexion über Kreativität - Animiere die Schüler*innen, regelmäßig über ihre eigenen kreativen Prozesse nachzudenken.

Visuelle Denkweisen einführen - Fördere den Einsatz von visuellen Hilfsmitteln wie Diagrammen und Skizzen.

„Reverse Thinking" anwenden - Denk umgekehrt: Wie würde das Gegenteil der aktuellen Lösung aussehen?

Ungewöhnliche Materialien einsetzen - Arbeite mit unerwarteten Materialien und lass die Schüler*innen experimentieren.

Kreativität durch Entspannung fördern - Integriere Entspannungsübungen, um Blockaden zu lösen und kreative Ideen zu fördern.

Lernen durch Erleben - Setze auf projektorientiertes Lernen und erlebbare Kreativitätsprozesse.

Moderne Kreativitätstechniken vorstellen - Stelle Techniken wie Design Thinking vor und wende sie an.

Denken aus verschiedenen Perspektiven anregen - Fordere die Schüler*innen auf, Probleme aus verschiedenen Blickwinkeln zu betrachten.

Kreative Zeitfenster schaffen - Plane Phasen in der Woche ein, die ausschließlich kreativen Aufgaben gewidmet sind.

Lernumgebung inspirierend gestalten - Achte auf eine Umgebung, die kreativitätsfördernd und anregend ist.

Die Bedeutung von Pausen betonen - Ermögliche den Schüler*innen, regelmäßig kurze Pausen zu machen, um den Kopf frei zu bekommen.

Wert auf Individualität legen - Fördere individuelle kreative Ansätze und Lösungen.

Selbstständigkeit in der Ideenfindung stärken - Gib den Schüler*innen die Freiheit, eigenständig Lösungen zu entwickeln und zu verfolgen.

Stelle herausfordernde Fragen – Fordere die Schüler*innen mit offenen, komplexen Fragen heraus, die zum Nachdenken anregen.

Fördere Problemlösestrategien – Lehre verschiedene Ansätze zur Problemlösung, z. B. Brainstorming, Analysen und Pro-Contra-Listen.

Nutze reale Szenarien – Verwende aktuelle oder alltägliche Situationen als Beispiele, um Problemlösungsfähigkeiten zu trainieren.

Setze Debatten ein – Organisiere Debatten zu kontroversen Themen, um das kritische Denken zu fördern.

Fördere Teamarbeit – Lasse die Schüler*innen in Gruppen arbeiten, um Probleme gemeinsam zu lösen und ihre Perspektiven zu erweitern.

Ermutige zu Selbstreflexion – Fordere die Schüler*innen auf, ihre eigenen Denkprozesse zu hinterfragen und zu reflektieren.

Verwende Mindmaps – Nutze Mindmaps zur Visualisierung von Problemen und Lösungsmöglichkeiten.

Biete Denkanstöße – Gib gezielte Impulse, die den Schüler*innen neue Perspektiven und Lösungen aufzeigen.

Arbeite mit Fallstudien – Stelle realistische Fallbeispiele bereit, die komplexe Probleme darstellen.

Fördere kritische Medienkompetenz – Lehre, wie man Informationen aus verschiedenen Quellen kritisch hinterfragt.

Lass Fehler als Lernchance sehen – Ermögliche es den Schüler*innen, aus Fehlern zu lernen und Lösungen zu entwickeln.

Nutze simulationsbasierte Lernmethoden – Setze Simulationen ein, die problemorientiertes Lernen ermöglichen.

Fordere hypothesengeleitetes Arbeiten – Lasse die Schüler*innen Hypothesen zu Problemen aufstellen und diese kritisch überprüfen.

Gestalte offene Aufgabenstellungen – Arbeite mit Aufgaben, bei denen mehrere Lösungsmöglichkeiten existieren.

Fördere kreatives Problemlösen – Gib den Schüler*innen Freiraum, kreative Lösungen für Probleme zu entwickeln.

Nutze problembasierte Lernmethoden – Implementiere problembasiertes Lernen (PBL) als zentrales Konzept im Unterricht.

Ermutige zu interdisziplinärem Denken – Fördere die Verknüpfung von Wissen aus verschiedenen Fachbereichen.

Erarbeite Lösungsvorschläge gemeinsam – Entwickle mit den Schüler*innen verschiedene Lösungsansätze und reflektiere diese im Team.

Fördere Argumentationsfähigkeit – Lehre, wie man mit klaren Argumenten und Beweisen eine Position verteidigt.

Integriere das Design Thinking – Nutze den Design-Thinking-Ansatz, um kreative Lösungen zu entwickeln.

Nutze Denkspiele und Rätsel – Fördere das kritische Denken mit Logikspielen und Denkrätseln.

Biete Entscheidungshilfen – Lehre, wie man Entscheidungen unter Sicherheit bzw. Ungewissheit trifft.

Nutze die „5-Why"-Methode – Verwende die „5-Why"-Technik, um die Ursachen eines Problems tiefgehend zu analysieren.

Fördere Dialoge – Organisiere regelmäßige Diskussionen zu Themen, bei denen kritisches Denken gefragt ist.

Setze auf Perspektivenwechsel – Fordere die Schüler*innen auf, ein Problem aus verschiedenen Blickwinkeln zu betrachten.

Schaffe einen sicheren Raum für Ideen – Ermögliche es den Schüler*innen, ihre Gedanken und Lösungsideen ohne Angst vor Kritik zu äußern.

Lege Wert auf systemisches Denken – Fördere das Verständnis von komplexen Zusammenhängen und Systemen.

Erarbeite ein Problemlösungsportfolio – Lass die Schüler*innen eine Sammlung von Lösungen und Strategien erstellen, die sie in verschiedenen Kontexten anwenden können.

Reflektiere regelmäßig über Lernprozesse – Fördere die Selbstreflexion der Schüler*innen über ihre Lösungsansätze und Denkprozesse.

Fordere eine kritische Feedback-Kultur – Lass die Schüler*innen sich gegenseitig konstruktives Feedback geben.

Erstelle Denkanstöße mit Zitatkarten – Nutze Zitate berühmter Denker als Diskussionsgrundlage.

Verwende die „Fishbowl"-Methode – Lass kleine Gruppen diskutieren, während der Rest der Klasse beobachtet und später Feedback gibt.

Baue Zeit für freies Nachdenken ein – Gib den Schüler*innen Zeit und Raum für ungestörtes Nachdenken und Ideenentwicklung.

Schule im Problemlösungsprozess – Lehre explizit den Prozess der Problemlösung in mehreren Schritten.

Biete Herausforderungen an – Setze den Schüler*innen kleine, anspruchsvolle Aufgaben, die kreatives und kritisches Denken erfordern.

Ermutige zur Weiterentwicklung bestehender Ideen – Lass die Schüler*innen ihre Lösungen nach der Diskussion weiterentwickeln.

Fordere eine strukturierte Diskussion – Lege klare Regeln für Diskussionen fest, um strukturiertes und fokussiertes Nachdenken zu fördern.

Setze auf Open-Source-Ansätze – Ermutige die Schüler*innen, ihre Ideen und Lösungsansätze in offenen und kollaborativen Formaten zu teilen.

Nutze interaktive Tools – Setze digitale Tools ein, die kreatives Problemlösen und kritisches Denken unterstützen.

Baue Verbindungen zu Expert*innen auf – Stelle den Schüler*innen Expert*innen vor, mit denen sie zu komplexen Themen diskutieren können.

Fördere Eigeninitiative durch Projekte – Lass die Schüler*innen eigenständige Projekte zu realen Problemen durchführen.

Setze auf Rollen- und Perspektivwechsel – Lass die Schüler*innen in verschiedene Rollen schlüpfen, um neue Lösungsansätze zu entdecken.

Erweitere Denkrahmen mit Perspektivenerweiterung – Zeige den Schüler*innen, wie sie ihre Denkmuster erweitern und neue Perspektiven einnehmen können.

Schule die Fähigkeit zur Problemdiagnose – Lehre die Schüler*innen, ein Problem gründlich zu analysieren, bevor eine Lösung entwickelt wird.

Nutze visuelle Hilfsmittel – Setze Diagramme, Grafiken oder Visualisierungen ein, um komplexe Problemstellungen zu erklären.

Fordere zum Experimentieren auf – Ermuntere die Schüler*innen, verschiedene Lösungsansätze auszuprobieren und dabei zu lernen.

Fördere den Austausch von Lösungsansätzen – Organisiere regelmäßig Foren oder Gruppenarbeiten, um verschiedene Lösungen zu diskutieren.

Setze auf iterative Prozesse – Ermutige zur kontinuierlichen Verbesserung von Lösungen durch iterative Ansätze.

Gib Raum für kritisches Hinterfragen – Ermuntere die Schüler*innen, alles, was sie lernen, zu hinterfragen und zu prüfen.

Fördere die Fähigkeit, Prioritäten zu setzen – Lehre, wie man zwischen wichtigen und weniger wichtigen Aspekten eines Problems unterscheiden kann.

Neugier wecken - Zeige, dass du stets neugierig auf Neues bist und ermutige die Schüler*innen, auch ihre Neugier zu verfolgen.

Lernfreude zeigen - Zeige deine eigene Begeisterung für das Lernen und mache diese sichtbar.

Fehler als Lernchance sehen - Mache deine eigenen Fehler transparent und zeige, wie du aus ihnen lernst.

Selbstreflexion praktizieren - Reflektiere regelmäßig dein eigenes Lernen und teile diese Reflexion mit den Schüler*innen.

Lernziele setzen - Setze dir regelmäßig neue Lernziele und teile deine Fortschritte mit der Gruppe.

Neues ausprobieren - Experimentiere mit neuen Lernmethoden und zeige deinen Schüler*innen, dass Veränderung positiv ist.

Kompetenzentwicklung fördern - Entwickle deine eigenen Kompetenzen weiter und animiere auch die Schüler*innen zur kontinuierlichen Entwicklung.

Vorlesen und Zuhören - Nimm dir Zeit, regelmäßig zu lesen und höre aufmerksam zu, um deinen Schüler*innen ein gutes Beispiel zu geben.

Multimediale Lernressourcen nutzen - Verwende verschiedene Medien wie Videos, Podcasts oder interaktive Apps und zeige deinen Schüler*innen deren Nutzen.

Interesse an verschiedenen Fachgebieten zeigen - Begeistere die Schüler*innen für Themen außerhalb des Unterrichts und teile deine Interessen.

Kreativität fördern - Zeige, wie du kreative Ideen entwickelst und lade deine Schüler*innen ein, das ebenfalls zu tun.

Technikkompetenz vermitteln - Nutze moderne Technologien im Unterricht und zeige, wie sie das Lernen erleichtern können.

Geduld üben - Sei geduldig mit dir selbst und den Schüler*innen, vor allem in schwierigen Lernphasen.

Pädagogische Literatur empfehlen - Lies Fachliteratur und teile interessante Erkenntnisse mit deinen Schüler*innen.

Lebenslanges Lernen betonen - Sprich offen darüber, wie wichtig kontinuierliches Lernen im Leben ist, und ermuntere deine Schüler*innen, es ebenfalls zu praktizieren.

Lernstrategien erklären - Zeige den Schüler*innen konkrete Lernmethoden und erkläre, wie sie diese effektiv einsetzen können.

Offenheit für Neues zeigen - Probiere ständig neue Dinge aus, um als Vorbild für deine Schüler*innen zu dienen.

Selbstständigkeit fördern - Gib deinen Schüler*innen die Freiheit, ihren Lernweg selbst zu gestalten, und unterstütze sie dabei.

Wöchentliche Lernzeiten einplanen - Plane regelmäßig Zeit für deine eigene Weiterbildung und zeige, wie wichtig dies ist.

Vorbild für Zeitmanagement sein - Plane deine eigenen Lernzeiten und erledige Aufgaben termingerecht, um ein gutes Beispiel zu setzen.

Resilienz zeigen - Lerne mit Rückschlägen umzugehen und zeige den Schüler*innen, wie sie sich von Misserfolgen erholen können.

Ziele öffentlich machen - Teile deine persönlichen Lernziele und deren Fortschritte mit der Klasse, um Transparenz zu fördern.

Lernen in Gruppen fördern - Arbeite gemeinsam mit Kolleg*innen oder anderen Lernenden, um kooperatives Lernen zu unterstützen.

Feedback einholen und geben - Hole regelmäßig Feedback zu deiner Arbeit ein und gib auch konstruktives Feedback.

Eigenverantwortung stärken - Ermutige die Schüler*innen, Verantwortung für ihren eigenen Lernprozess zu übernehmen, und zeige es durch ein eigenes Beispiel.

Positive Einstellung gegenüber Herausforderungen zeigen - Stelle dich schwierigen Aufgaben mit einer positiven Haltung und ermutige die Schüler*innen, dies ebenfalls zu tun.

Erfolge feiern - Feiere kleine und große Erfolge gemeinsam, sowohl deine eigenen als auch die der Schüler*innen.

Lernfortschritte dokumentieren - Halte deine eigenen Fortschritte in einem Lernjournal fest und teile es mit den Schüler*innen.

Innovative Methoden ausprobieren - Experimentiere mit neuen, innovativen Lernmethoden und teile die Ergebnisse mit den Schüler*innen.

Selbstbewusstsein stärken - Zeige Vertrauen in deine eigenen Fähigkeiten und ermutige auch die Schüler*innen, Selbstvertrauen zu entwickeln.

Anpassungsfähigkeit zeigen - Sei flexibel in deiner Arbeit und passe deine Herangehensweise an die Bedürfnisse der Schüler*innen an.

Diskussionen anregen - Fördere offene Diskussionen über Lernen und Weiterbildung und beteilige dich aktiv daran.

Gemeinschaftliches Lernen fördern - Baue ein Umfeld, in dem sich alle gegenseitig beim Lernen unterstützen.

Verantwortung übernehmen - Zeige Verantwortung für dein eigenes Lernen und fordere die Schüler*innen auf, dasselbe zu tun.

Vorbilder aus der Praxis einbinden - Lade Gastsprecher*innen oder Fachleute ein, die über ihre Erfahrungen im lebenslangen Lernen berichten.

Neues Wissen anwenden - Nutze frisch erlerntes Wissen sofort im Unterricht und zeige so den praktischen Nutzen.

Vorbereitung für die Zukunft fördern - Betone, wie wichtig kontinuierliches Lernen für die berufliche und persönliche Entwicklung ist.

Optimismus zeigen - Bleibe in herausfordernden Lernphasen optimistisch und motiviere die Schüler*innen, dies zu übernehmen.

Lernumgebung gestalten - Schaffe eine Lernumgebung, die die Entwicklung von lebenslangem Lernen fördert.

Feedbackkultur etablieren - Fördere eine offene Feedbackkultur, in der jeder die Möglichkeit hat, sich weiterzuentwickeln.

Projekte initiieren - Setze selbst Projekte um, die Neues und Ungewohntes einbeziehen, und lade die Schüler*innen ein, daran teilzunehmen.

Verantwortung für eigene Lernprozesse übernehmen - Zeige, wie du Verantwortung für deinen eigenen Lernprozess übernimmst.

Zielorientiert arbeiten - Zeige, wie du deine Ziele mit klaren Strategien verfolgst und erreiche sie Schritt für Schritt.

Lernen durch Lehren fördern - Lass Schüler*innen ihr Wissen an andere weitergeben und unterstütze sie dabei.

Anpassung an neue Umstände zeigen - Zeige deine Bereitschaft, dich an Veränderungen anzupassen und den Schüler*innen als Vorbild zu dienen.

Fragen stellen und neugierig bleiben - Stelle Fragen und zeige deinen Schüler*innen, wie wichtig Neugier im Lernprozess ist.

Wertschätzung zeigen - Schätze die Lernprozesse und Fortschritte der Schüler*innen und reflektiere dies öffentlich.

Interaktive Lernmethoden vorleben - Setze interaktive und kollaborative Lernmethoden aktiv im Unterricht ein.

Lernfortschritte sichtbar machen - Stelle sicher, dass die Lernfortschritte der Schüler*innen regelmäßig reflektiert und gewürdigt werden.

Freude am Lernen zeigen - Strahle Freude am Lernen aus und mache es den Schüler*innen so schmackhaft, ebenfalls lebenslang zu lernen.

Lernziele definieren – Setze klare, erreichbare Ziele für jede Unterrichtseinheit.

Lernmethoden vorstellen – Erkläre verschiedene Lernmethoden wie Mindmapping oder Karteikarten.

Lernstrategien trainieren – Übe mit den Schüler*innen, wie sie ihre Lernstrategien individuell anpassen können.

Selbstreflexion fördern – Fordere regelmäßig zur Reflexion über den Lernfortschritt auf.

Lernpläne erstellen – Hilf den Schüler*innen, realistische Lernpläne zu entwickeln und umzusetzen.

Motivation stärken – Betone den Nutzen des Gelernten für den Alltag und zukünftige Ziele.

Lernumgebung optimieren – Gestalte einen ruhigen, gut strukturierten Lernraum.

Zeitmanagement trainieren – Übe mit den Schüler*innen, Lernzeit effizient einzuteilen.

Lernpausen einplanen – Wecke das Bewusstsein für regelmäßige Pausen zur Leistungssteigerung.

Visualisierung nutzen – Setze visuelle Hilfsmittel wie Diagramme oder Mindmaps zur besseren Veranschaulichung ein.

Fehlerkultur etablieren – Betone, dass Fehler zum Lernprozess gehören und keine Rückschläge sind.

Konzentrationsübungen durchführen – Leite gezielte Übungen an, die die Konzentrationsfähigkeit fördern.

Wiederholungsstrategien entwickeln – Fördere regelmäßige Wiederholungen des Gelernten zur Festigung des Wissens.

Aktives Zuhören üben – Trainiere das aktive Zuhören, um die Aufmerksamkeit während des Unterrichts zu erhöhen.

Metakognition anregen – Hilf den Schüler*innen, ihre eigenen Lernprozesse zu hinterfragen und zu steuern.

Ziele visualisieren – Lass die Schüler*innen ihre Lernziele sichtbar machen, um den Fortschritt zu dokumentieren.

Lerntagebuch führen – Führe ein Lerntagebuch, in dem Erfolge und Herausforderungen reflektiert werden.

Belohnungssystem einführen – Belohne kleine Erfolge, um die Motivation zu steigern.

Interaktive Lernmethoden anwenden – Nutze digitale Tools und Apps, die das Lernen interaktiv gestalten.

Kreative Lernmethoden ausprobieren – Experimentiere mit kreativen Methoden wie Rollenspielen oder Gruppendiskussionen.

Kooperatives Lernen fördern – Organisiere Lernpartnerschaften oder Gruppenarbeiten zur gegenseitigen Unterstützung.

Lernen durch Lehren – Ermutige Schüler*innen, ihr Wissen anderen beizubringen.

Individuelle Lernbedürfnisse berücksichtigen – Gehe auf die unterschiedlichen Lernbedürfnisse und -stile ein.

Multisensorisches Lernen fördern – Binde verschiedene Sinne wie Sehen, Hören und Tasten in den Lernprozess ein.

Zielgerichtete Fragetechniken einsetzen – Stelle gezielte Fragen, die zum eigenständigen Nachdenken anregen.

Lernfortschritte sichtbar machen – Visualisiere den Fortschritt mit Diagrammen oder Punkten.

Lernspiele einsetzen – Integriere Lernspiele, um den Lernprozess spielerisch und effektiv zu gestalten.

Selbstständiges Arbeiten unterstützen – Schaffe Gelegenheiten für selbstständiges Arbeiten ohne ständige Anleitung.

Peer-Feedback fördern – Lass Schüler*innen gegenseitig Feedback zu ihren Arbeiten geben.

Lernmethoden anpassen – Ändere die Methode, wenn die gewählte nicht optimal funktioniert.

Technologie sinnvoll integrieren – Nutze digitale Lernplattformen und Apps zur Erweiterung der Lernmöglichkeiten.

Prüfungsangst abbauen – Reduziere Prüfungsangst durch gezielte Vorbereitung und Entspannungstechniken.

Konzentrationsfokus trainieren – Führe Übungen zur Verbesserung der Aufmerksamkeits- und Konzentrationsfähigkeit durch.

Lernmaterialien diversifizieren – Biete verschiedene Arten von Lernmaterialien an, z. B. Bücher, Videos, Podcasts.

Eigenständige Recherche fördern – Ermutige die Schüler*innen, selbstständig Informationen zu suchen und zu sammeln.

Lernen durch praktische Anwendung – Lasse Theorie durch praxisorientierte Aufgaben anwenden.

Individuelle Fortschritte anerkennen – Feiere kleine Fortschritte und Erfolge jedes einzelnen Schülers oder jeder Schülerin.

Positive Fehlererfahrungen ermöglichen – Schaffe einen Raum, in dem Fehler als Lerngelegenheit genutzt werden.

Pausen sinnvoll gestalten – Plane strukturierte Pausen mit Entspannungsübungen ein.

Lerntechnik anpassen – Überprüfe regelmäßig, ob die Lernmethoden noch zur jeweiligen Situation passen.

Kommunikation auf Augenhöhe – Kommuniziere auf Augenhöhe und fördere eine vertrauensvolle Lernatmosphäre.

Stressbewältigungstechniken vermitteln – Führe Entspannungs- oder Atemübungen ein, um Stress abzubauen.

Lernumgebung variieren – Verändere die Lernumgebung gelegentlich, um neue Reize zu setzen.

Lernziele in Etappen unterteilen – Zerlege große Lernziele in kleinere, überschaubare Einheiten.

Selbstmotivation steigern – Fördere Eigeninitiative durch positive Verstärkungen und Freiräume.

Lernmethoden reflektieren – Lass regelmäßig reflektieren, welche Lernmethoden effektiv sind und welche nicht.

Fokus auf Verstehen statt Auswendiglernen – Stelle das Verständnis des Lernstoffes über reines Auswendiglernen.

Lernroutine etablieren – Schaffe eine regelmäßige und strukturierte Lernroutine.

Lernfortschritte dokumentieren – Halte die Fortschritte der Schüler*innen schriftlich fest, um eine kontinuierliche Verbesserung zu gewährleisten.

Lernprozesse feiern – Feiere Lernerfolge gemeinsam, um die Motivation aufrechtzuerhalten.

Medienanalyse gemeinsam üben - Führe mit den Schüler*innen regelmäßig Übungen zur Analyse von Medieninhalten durch, bei denen sie lernen, zwischen verschiedenen Informationsquellen zu unterscheiden.

Recherchetechniken vermitteln - Erkläre effektive Methoden der Online-Recherche und zeige den Schüler*innen, wie sie vertrauenswürdige Quellen finden können.

Fake News entlarven - Organisiere Workshops, in denen du mit den Schüler*innen gezielt Fake News analysierst und entlarvst.

Ethik im Netz thematisieren - Sprich regelmäßig über ethische Fragestellungen im Umgang mit digitalen Medien, wie zum Beispiel Datenschutz und Urheberrecht.

Medienkritik fördern - Fordere die Schüler*innen auf, Medieninhalte kritisch zu hinterfragen und eigene Meinungen zu bilden.

Interaktive Diskussionen führen - Lass Schüler*innen in Gruppen über aktuelle medienbezogene Themen diskutieren, um deren kritisches Denken zu schulen.

Medienkompetenz durch Projekte stärken - Initiiere Projekte, bei denen die Schüler*innen ihre Medienkompetenz praktisch anwenden müssen, wie z.B. eine eigene Website erstellen.

Informationsquellen vergleichen - Übe mit den Schüler*innen, Informationen aus unterschiedlichen Quellen zu vergleichen und auf ihre Verlässlichkeit zu prüfen.

Schutz der Privatsphäre aufzeigen - Vermittle den Schüler*innen, wie sie ihre Privatsphäre online schützen und ihre Daten sicher verwalten.

Digitale Werkzeuge vorstellen - Zeige neue digitale Werkzeuge und Apps, die die Medienkompetenz der Schüler*innen verbessern können.

Ethische Entscheidungen im Netz treffen - Setze regelmäßig Fallbeispiele ein, an denen Schüler*innen lernen, ethische Entscheidungen in Bezug auf digitale Medien zu treffen.

Kritische Selbstreflexion anregen - Fordere die Schüler*innen auf, sich selbst zu reflektieren, wie sie Medien nutzen und wie diese ihre Wahrnehmung beeinflussen.

Mediengeschichten erzählen lassen - Lass Schüler*innen eigene Geschichten mit digitalen Medien erstellen, um deren kreativen Umgang zu fördern.

Plattformen verstehen - Erkläre die Funktionsweise von sozialen Netzwerken und anderen Plattformen, um die Schüler*innen für deren Wirkmechanismen zu sensibilisieren.

Digital Detox durchführen - Lege bewusste Phasen ohne Mediennutzung fest, um den Schüler*innen eine ausgewogene Mediennutzung zu vermitteln.

Fake-Accounts identifizieren - Lass die Schüler*innen üben, Fake-Accounts in sozialen Netzwerken zu erkennen.

Mediengesetze erklären - Kläre regelmäßig über die rechtlichen Aspekte im Umgang mit Medien auf, wie Urheberrecht und das Recht am eigenen Bild.

Vertrauenswürdigkeit von Influencern bewerten - Diskutiere, wie man die Vertrauenswürdigkeit von Influencern einschätzen kann und welche Verantwortung sie tragen.

Visualisierung von Informationen lehren - Bringe den Schüler*innen bei, wie sie Informationen durch visuelle Elemente, wie Infografiken oder Videos, verständlicher darstellen können.

Zensur und Meinungsfreiheit erklären - Führe Diskussionen zu Zensur und Meinungsfreiheit im Internet und in den Medien.

Plattformübergreifende Medienanalyse durchführen - Zeige den Schüler*innen, wie sich dieselbe Nachricht auf verschiedenen Plattformen unterschiedlich präsentieren kann.

Datenschutzpraktiken umsetzen - Lehre den Schüler*innen praktische Schritte zum Schutz ihrer eigenen Daten, wie das Anpassen von Privatsphäre-Einstellungen in sozialen Netzwerken.

Wahrheit in der Werbung erkennen - Diskutiere mit den Schüler*innen, wie Werbung in digitalen Medien oft manipuliert und was wahre von falschen Versprechungen unterscheidet.

Digitale Fotografie und Bildbearbeitung zeigen - Bringe den Schüler*innen bei, wie sie mit digitalen Medien kreativ arbeiten können, z.B. durch Fotografie und Bildbearbeitung.

Videojournalismus ausprobieren - Fordere die Schüler*innen auf, ein kurzes Video zu einem aktuellen Thema zu erstellen, um deren Fähigkeiten im Umgang mit Bewegtbildern zu schulen.

Medienkonzerne hinterfragen - Lehre die Schüler*innen, wie sie Medienkonzerne und deren Interessen hinterfragen können, um eine breitere Perspektive zu entwickeln.

Medienkonsum reflektieren - Lass die Schüler*innen ihren eigenen Medienkonsum in einem Tagebuch festhalten und reflektieren, welche Einflüsse das auf sie hat.

Ethik in der Werbung thematisieren - Erarbeite mit den Schüler*innen, wie Werbung ethisch gestaltet sein sollte und welche Manipulationstechniken genutzt werden.

Crowdsourcing verstehen - Bringe den Schüler*innen bei, wie Crowdsourcing als Methode genutzt wird und welche Vor- und Nachteile diese Praxis hat.

Öffentliche Diskussionen analysieren - Führe mit den Schüler*innen die Analyse öffentlicher Diskussionen in den Medien, um ein besseres Verständnis für politische Kommunikation zu fördern.

Mediengeschichten selbst gestalten - Lass die Schüler*innen eigene Nachrichten oder Beiträge verfassen und unter Berücksichtigung von Fakten und Quellen veröffentlichen.

Meme-Kultur entmystifizieren - Besprich mit den Schüler*innen, wie Memes entstehen und welche kulturelle und soziale Bedeutung sie haben können.

Transparenz von Nachrichtenquellen prüfen - Übe mit den Schüler*innen, wie sie Transparenz und Herkunft von Nachrichtenquellen kritisch hinterfragen können.

Digitale Tools im Unterricht nutzen - Implementiere regelmäßig digitale Tools im Unterricht, die den Schüler*innen die Medienkompetenz in einem praktischen Kontext näherbringen.

Lesekompetenz im digitalen Raum fördern - Fördere das gezielte Lesen und Auswerten von Texten im digitalen Raum und bringe den Schüler*innen bei, diese Informationen zu verarbeiten.

Cybermobbing thematisieren - Sprich regelmäßig das Thema Cybermobbing an und vermittle Handlungsmöglichkeiten für Schüler*innen.

Interaktive Medienprojekte durchführen - Organisiere Gruppenprojekte, in denen die Schüler*innen interaktive Medienprodukte wie Apps oder Webseiten entwickeln.

Mediengesellschaft reflektieren - Führe tiefgehende Diskussionen darüber, wie die Gesellschaft durch Medien beeinflusst wird und welche Verantwortung jeder Einzelne trägt.

Social Media Trends beobachten - Analysiere aktuelle Social-Media-Trends und besprich deren Einfluss auf die Wahrnehmung und Kommunikation von Nachrichten.

Medienlandschaft diversifizieren - Ermuntere die Schüler*innen, verschiedene Medienformate zu nutzen, um sich eine vielseitige Perspektive auf Themen zu erarbeiten.

Verantwortungsvoller Umgang mit digitalen Tools - Lehre, wie Schüler*innen digitale Tools verantwortungsvoll nutzen und die Auswirkungen ihrer Nutzung bedenken.

Filterblasen erkennen - Hilf den Schüler*innen, ihre eigene Filterblase zu erkennen und bewusst auch andere Perspektiven einzunehmen.

Recherche in sozialen Medien - Übe mit den Schüler*innen die Recherche in sozialen Medien, um auch dort wertvolle Informationen zu finden.

Digitale Lese- und Schreibkompetenzen stärken - Fördere die Schüler*innen in digitalen Schreib- und Lesekompetenzen, z.B. durch das Erstellen von Blogs oder Podcasts.

Medienwahrnehmung schulen - Besprich mit den Schüler*innen, wie Medien ihre Wahrnehmung der Welt beeinflussen können und wie sie sich dieser Manipulation bewusst werden.

Medienproduktion im Team - Fördere kooperative Medienproduktion, z.B. durch die Zusammenarbeit an einem digitalen Projekt oder einer Schülerzeitung.

Ethische Fragen in der Werbung – Richte besondere Aufmerksamkeit auf die ethischen Fragen in digitalen Werbemaßnahmen und diskutiere dies mit den Schüler*innen.

Verantwortungsvolle Nutzung von Chatbots und KI - Zeige den Schüler*innen auf, wie sie Chatbots und KI-Tools sinnvoll und verantwortungsbewusst nutzen können.

Medienrechtliche Fragestellungen aufgreifen - Behandle regelmäßig aktuelle medienrechtliche Themen wie Urheberrecht, Copyright und den Schutz der persönlichen Daten.

Digitale Barrierefreiheit thematisieren - Sensibilisiere die Schüler*innen für digitale Barrierefreiheit und zeige ihnen, wie barrierefreie Medien und Websites gestaltet werden können.

Ziele setzen – Hilf deinen Schüler*innen, ihre persönlichen und schulischen Ziele klar zu definieren und realistisch zu planen.

Woche der Reflexion – Führe eine wöchentliche Reflexionsrunde ein, um über Fortschritte und Herausforderungen zu sprechen.

Erfolgsmomente feiern – Feiere kleine Erfolge gemeinsam mit den Schüler*innen, um Motivation und Selbstvertrauen zu stärken.

Stärkenanalyse – Arbeite mit deinen Schüler*innen an einer persönlichen Stärkenanalyse, um ihre Potenziale zu erkennen.

Individuelle Gespräche führen – Plane regelmäßige Einzelgespräche, um persönliche Anliegen und Herausforderungen zu besprechen.

Zielvisualisierung – Nutze Visualisierungsübungen, um die Ziele greifbar und motivierend zu machen.

Feedback-Gespräche etablieren – Gib regelmäßig konstruktives Feedback und fordere auch Feedback von deinen Schüler*innen ein.

Ressourcen stärken – Identifiziere mit deinen Schüler*innen ihre Ressourcen und zeige Wege auf, wie sie diese besser nutzen können.

Mentoren-Programm aufbauen – Ermögliche deinen Schüler*innen von Mitschüler*innen oder externen Mentor*innen unterstützt zu werden.

Rückschläge besprechen – Sprich mit deinen Schüler*innen offen über Misserfolge und Rückschläge, um daraus zu lernen.

Motivations-Coaching anbieten – Unterstütze deine Schüler*innen dabei, ihre intrinsische Motivation zu entdecken und zu fördern.

Zielplan erstellen – Entwickle mit deinen Schüler*innen einen konkreten Plan, um ihre Ziele Schritt für Schritt zu erreichen.

Ermutigung statt Druck – Setze auf positive Verstärkung und vermeide es, zu viel Druck aufzubauen.

Rollenspiele für Feedback – Übe mit deinen Schüler*innen Feedback-Situationen in Rollenspielen, um ihre Kommunikationsfähigkeit zu stärken.

Mentor*innen-Treffen organisieren – Fördere regelmäßige Treffen zwischen den Schüler*innen und ihren Mentor*innen, um den Austausch zu intensivieren.

Ehrlichkeit fördern – Schaffe eine Atmosphäre, in der Schüler*innen sich ehrlich über ihre Ängste und Herausforderungen äußern können.

Visionboard erstellen – Lass deine Schüler*innen ein Visionboard erstellen, um ihre langfristigen Ziele visuell darzustellen.

Erfolge dokumentieren – Sorge dafür, dass deine Schüler*innen ihre Fortschritte dokumentieren und immer wieder nachlesen können.

Selbstreflexion anregen – Fördere regelmäßig Selbstreflexion, um das Bewusstsein für das eigene Handeln zu schärfen.

Kleine Erfolge belohnen – Belohne kleine Erfolge mit Lob oder einer symbolischen Geste, um den Fortschritt anzuerkennen.

Prozess statt Ergebnis fokussieren – Stelle sicher, dass der Prozess des Lernens und Entwickelns mehr im Vordergrund steht als das Endergebnis.

Kritikgespräche üben – Zeige deinen Schüler*innen auf, wie sie konstruktive Kritik annehmen und selbst geben können.

Peer-Coaching einführen – Setze Peer-Coaching-Programme um, bei denen sich Schüler*innen gegenseitig unterstützen und voneinander lernen.

Mindset-Workshops anbieten – Biete Workshops zu einem positiven, wachstumsorientierten Mindset an, um die Denkmuster zu verändern.

Resilienz trainieren – Arbeite mit deinen Schüler*innen an ihrer Resilienz, um mit Stress und Herausforderungen besser umzugehen.

Zielcheck regelmäßig durchführen – Setze regelmäßige Check-ins an, um die Fortschritte bei der Zielverwirklichung zu überwachen.

Achtsamkeit fördern – Nutze Achtsamkeitsübungen, um den Schüler*innen zu helfen, sich besser auf ihre Ziele und den Lernprozess zu konzentrieren.

Zukunftsgespräche führen – Diskutiere mit deinen Schüler*innen regelmäßig ihre Visionen und Ziele für die Zukunft.

Netzwerke schaffen – Ermögliche den Schüler*innen, Netzwerke zu bilden, die ihnen auch außerhalb der Schule weiterhelfen können.

Motivationsbooster einsetzen – Setze gezielt kurze, motivierende Aktionen oder Worte ein, um die Energie und den Enthusiasmus zu steigern.

Wöchentliche Reflexionen einführen – Lass deine Schüler*innen wöchentlich reflektieren, was sie erreicht haben und was sie noch verbessern können.

Positive Denkmuster verstärken – Fördere positive Denkmuster, die das Vertrauen in die eigene Fähigkeit stärken.

Feedback-Kultur etablieren – Etabliere eine offene und respektvolle Feedback-Kultur, in der konstruktive Rückmeldungen ausgetauscht werden.

Visionen entwickeln – Lass deine Schüler*innen ihre persönliche Vision und den Weg dorthin entwickeln.

Komfortzone erweitern – Fördere bewusst Aktivitäten, die deine Schüler*innen aus ihrer Komfortzone herausführen, um zu wachsen.

Stressbewältigung trainieren – Übe mit deinen Schüler*innen Methoden der Stressbewältigung, wie Atemübungen oder kurze Pausen.

Zielüberprüfung anregen – Lass deine Schüler*innen ihre Ziele regelmäßig überprüfen, um sicherzustellen, dass sie auf dem richtigen Weg sind.

Ermutigung durch Vorbilder – Stelle deinen Schüler*innen positive Vorbilder vor, die ähnliche Ziele erreicht haben.

Motivation durch Belohnungssysteme – Implementiere ein Belohnungssystem, das die Fortschritte sichtbar und anerkennend macht.

Selbstwirksamkeit stärken – Unterstütze deine Schüler*innen dabei, ihre eigene Wirksamkeit zu erkennen und zu schätzen.

Mentor*innengespräche regelmäßig führen – Führe regelmäßige Gespräche mit den Mentor*innen, um sicherzustellen, dass die Zusammenarbeit reibungslos läuft.

Förderung von Selbstständigkeit – Gib deinen Schüler*innen die Möglichkeit, Entscheidungen zu treffen und Verantwortung zu übernehmen.

Ziele in Teilziele aufteilen – Hilf deinen Schüler*innen, ihre großen Ziele in kleinere, erreichbare Teilziele zu unterteilen.

Lernmethoden anpassen – Passe Lernmethoden individuell an die Bedürfnisse deiner Schüler*innen an, um deren Erfolg zu fördern.

Gemeinsame Vision entwickeln – Arbeite gemeinsam mit deinen Schüler*innen an einer Vision, die sie für ihre schulische und persönliche Entwicklung anstreben.

Erfolgsmuster identifizieren – Hilf deinen Schüler*innen dabei, erfolgreiche Muster und Verhaltensweisen zu erkennen und zu wiederholen.

Grenzen respektieren – Respektiere die Grenzen deiner Schüler*innen und achte darauf, dass sie sich nicht überfordern.

Gemeinsam Herausforderungen annehmen – Stelle dich gemeinsam mit deinen Schüler*innen Herausforderungen und gehe als Vorbild voran.

Kommunikationsfähigkeit fördern – Unterstütze deine Schüler*innen darin, ihre Kommunikationsfähigkeit auszubauen, sowohl im Gespräch als auch schriftlich.

Lernfreude wecken – Sorge dafür, dass Lernen Spaß macht, indem du kreative, abwechslungsreiche Methoden einsetzt, die die Freude am Lernen fördern.

Nutze kreative Lernspiele – Entwickle Spiele, die Lerninhalte spielerisch vermitteln und die Schüler*innen aktiv einbeziehen.

Gestalte interaktive Workshops – Setze Methoden wie Gruppenarbeit und praktisches Arbeiten ein, um theoretisches Wissen greifbar zu machen.

Verwende Visualisierungen – Nutze Mindmaps, Diagramme und Grafiken, um komplexe Konzepte anschaulich darzustellen.

Integriere digitale Tools – Nutze Apps oder Lernplattformen, die den Lernprozess interaktiv und spannend gestalten.

Führe Projekte durch – Plane Projekte, bei denen die Schüler*innen eigenständig arbeiten und ihre Kreativität entfalten können.

Erstelle Lernstationen – Richte verschiedene Stationen zu unterschiedlichen Themen ein, an denen die Schüler*innen eigenständig Aufgaben bearbeiten.

Setze Storytelling ein – Nutze Geschichten, um Lerninhalte emotional und verständlich zu vermitteln.

Fördere selbstständiges Arbeiten – Gib den Schüler*innen Freiraum für eigenverantwortliches Lernen durch individuelle Aufgaben.

Verwende Musik und Klang – Integriere Musik oder Geräusche, um eine entspannte und kreative Lernatmosphäre zu schaffen.

Starte mit Brainstorming-Sessions – Nutze Brainstorming, um kreative Ideen zu fördern und einen lebendigen Lernprozess zu initiieren.

Ermögliche Freiarbeit – Gib den Schüler*innen regelmäßig Zeit, in ihrem eigenen Tempo zu arbeiten und ihre Interessen zu verfolgen.

Nutze Rollenspiele – Setze Rollenspiele ein, um komplexe Situationen zu veranschaulichen und Empathie zu fördern.

Organisiere Exkursionen – Plane Ausflüge oder virtuelle Exkursionen, um das Lernen durch praktische Erfahrungen zu erweitern.

Erstelle Lernvideos – Produziere Videos, um Inhalte visuell und leicht verständlich zu präsentieren.

Binde Expert*innen ein – Lade Gastreferent*innen oder Fachleute ein, um den Schüler*innen neue Perspektiven und Erfahrungen zu bieten.

Nutze kreative Schreibübungen – Fördere das kreative Schreiben, um die Ausdruckskraft und Fantasie der Schüler*innen zu stärken.

Setze kreative Gestaltungsaktionen ein – Verbinde Theorie mit handwerklichen Gestaltungsaufgaben, um Lerninhalte greifbar zu machen.

Experimentiere mit unterschiedlichen Arbeitsformen – Wechsle zwischen Einzelarbeit, Partnerarbeit und Gruppenarbeit, um Abwechslung zu schaffen.

Nutze die Natur als Lernraum – Geh mit den Schüler*innen nach draußen, um Naturphänomene direkt zu erfahren und zu erforschen.

Nutze die Natur als Lernort – Geh mit den Schüler*innen nach draußen, und lasse sie in der Natur an ihren Aufgaben arbeiten.

Ermögliche Feedback-Runden – Implementiere regelmäßige Feedback-Runden, um die Kreativität und Weiterentwicklung der Schüler*innen zu fördern.

Integriere Gamification – Verwende spielerische Elemente, um den Lernprozess spannend und motivierend zu gestalten.

Setze Mindfulness-Techniken ein – Fördere Achtsamkeit, um die Konzentration und Kreativität zu steigern.

Nutze kooperative Lernmethoden – Arbeite mit kooperativen Lernmethoden, bei denen Schüler*innen gemeinsam Lösungen erarbeiten.

Schaffe eine kreative Lernumgebung – Gestalte den Klassenraum so, dass er zum Entfalten von Kreativität und Ideen anregt.

Erstelle kreative Lernaufgaben – Fordere die Schüler*innen mit anspruchsvollen Aufgaben heraus, die ihre Kreativität anregen.

Nutze Visitenkarten-Technik – Lass die Schüler*innen Lerninhalte in eigenen Worten auf Visitenkarten zusammenfassen.

Führe Gruppenprojekte ein – Plane Projekte, bei denen Teamarbeit und kreative Lösungsansätze gefordert sind.

Lass den Unterricht flexibel gestalten – Gib den Schüler*innen die Freiheit, den Unterricht nach ihren Interessen mitzugestalten.

Erstelle eine Ideensammlung – Sammle kreative Ideen und Lösungsansätze der Schüler*innen, um deren Denken zu fördern.

Verwende Kreativitätstechniken – Setze Techniken wie „Mind Mapping" oder „Brainwriting" ein, um Ideen zu entwickeln.

Führe Improvisationseinheiten ein – Setze Improvisationstechniken ein, um spontanes und kreatives Denken zu fördern.

Nutze Fallstudien – Bearbeite reale oder fiktive Fallbeispiele, die kreative Problemlösungen erfordern.

Gestalte Lernthemen als Herausforderungen – Setze das „Challenges"-Prinzip ein, um die Schüler*innen zu motivieren, kreative Lösungen zu finden.

Fördere kreative Teamarbeit – Entwickle Aufgaben, bei denen die Schüler*innen zusammenarbeiten und ihre unterschiedlichen Stärken einbringen.

Verwende Analogien und Metaphern – Nutze bildhafte Sprache, um schwierige Konzepte verständlich und kreativ zu erklären.

Integriere aktuelle Themen – Verbinde den Unterricht mit aktuellen gesellschaftlichen oder kulturellen Themen, um Interesse zu wecken.

Setze auf assoziative Übungen – Lass die Schüler*innen durch assoziative Übungen kreative Verbindungen zwischen Themen herstellen.

Erstelle ein Klassenzimmer-Tagebuch – Fördere die Reflexion und Kreativität, indem die Schüler*innen ein gemeinsames Tagebuch führen.

Führe kreative Präsentationen ein – Lasse die Schüler*innen ihre Ergebnisse auf kreative Weise präsentieren, z.B. durch Videos oder digitale Präsentationen.

Nutze digitale Kreativtools – Setze Programme oder Apps ein, mit denen die Schüler*innen kreativ arbeiten können, z.B. zum Erstellen von Grafiken oder Musik.

Lass das Lernen "fließen" – Fördere eine Atmosphäre, in der das Lernen organisch und ohne Druck geschehen kann.

Verwende Kunst als Lernmedium – Integriere Kunsttechniken, um kreative Ausdrucksmöglichkeiten zu fördern und komplexe Themen darzustellen.

Setze regelmäßige "Kreativpausen" ein – Plane Zeiten ein, in denen die Schüler*innen ihre Ideen frei entwickeln können.

Führe Projektwochen ein – Organisiere Projektwochen zu kreativen Themen, in denen die Schüler*innen intensiv an einer Aufgabe arbeiten.

Schaffe kreative Herausforderungen – Stelle den Schüler*innen „Rätsel" oder Aufgaben, die sie auf kreative Weise lösen müssen.

Förder interdisziplinäres Arbeiten – Verbinde verschiedene Fachrichtungen, um kreative Lösungsansätze zu fördern.

Verwende "Design Thinking" – Implementiere Design-Thinking-Methoden, um kreative Problemlösungsprozesse zu unterstützen.

Lass Kreativität durch Improvisation aufblühen – Setze Improvisationsmethoden wie spontanes Zeichnen oder improvisiertes Schreiben ein.

Baue regelmäßige Reflexionsphasen ein – Lass die Schüler*innen über ihren kreativen Lernprozess nachdenken, um eine kontinuierliche Weiterentwicklung zu fördern.

Selbstreflexion üben – Reflektiere regelmäßig deine eigenen Stärken und Schwächen in der Beziehungsarbeit, um deine Rolle als Lernbegleiter*in kontinuierlich zu verbessern.

Empathie zeigen – Höre aktiv zu, um die Bedürfnisse deiner Schüler*innen besser zu verstehen und mit ihnen auf Augenhöhe zu kommunizieren.

Vertrauen aufbauen – Sei verlässlich und konsequent, um das Vertrauen deiner Schüler*innen zu gewinnen und zu erhalten.

Individuelle Gespräche führen – Führe Einzelgespräche, um die persönlichen Anliegen und Bedürfnisse der Schüler*innen zu erkennen und darauf einzugehen.

Klarheit schaffen – Definiere klare Erwartungen an das Verhalten und die Lernziele, damit deine Schüler*innen wissen, was sie von dir und sich selbst erwarten können.

Nonverbale Kommunikation stärken – Achte auf deine Körpersprache und Mimik, um eine vertrauensvolle und offene Atmosphäre zu schaffen.

Lernfortschritte wertschätzen – Lobe kleine Fortschritte und Erfolge, um das Selbstbewusstsein der Lernenden zu fördern.

Kritik konstruktiv anbringen – Gib Feedback so, dass es motiviert und zur Weiterentwicklung anregt, anstatt die Schüler*innen zu entmutigen.

Aktive Unterstützung bieten – Zeige den Lernenden, dass du bei Herausforderungen an ihrer Seite stehst und sie bei der Lösung von Problemen begleitest.

Kooperationsfähigkeit fördern – Ermutige die Schüler*innen, miteinander zu arbeiten und voneinander zu lernen, um ein unterstützendes Gemeinschaftsgefühl zu entwickeln.

Geduld entwickeln – Sei geduldig und erwarte nicht sofortige Ergebnisse. Jede*r Lernende braucht unterschiedliche Zeit, um sich weiterzuentwickeln.

Gespräche anregen – Stelle offene Fragen, die zum Nachdenken und zum Austausch anregen, um die Beziehungsarbeit zu vertiefen.

Offenheit demonstrieren – Sei transparent in deinen Entscheidungen und Arbeitsweisen, um Vertrauen und Verständnis zu fördern.

Kulturelle Sensibilität üben – Berücksichtige die kulturellen Hintergründe und Werte deiner Schüler*innen in der Beziehungsarbeit.

Positive Verstärkung nutzen – Setze gezielt positive Verstärkung ein, um gewünschtes Verhalten und Lernfortschritte zu fördern.

Feedback einholen – Bitte regelmäßig um Rückmeldungen von deinen Schüler*innen zu deiner Arbeitsweise und deinem Umgang mit ihnen.

Verbindlichkeit zeigen – Halte Vereinbarungen und Zusagen ein, um Zuverlässigkeit und Respekt zu vermitteln.

Vielfalt anerkennen – Respektiere und wertschätze die individuellen Unterschiede deiner Schüler*innen, sowohl in der Persönlichkeit als auch in den Lerngewohnheiten.

Emotionale Intelligenz ausbauen – Trainiere deine Fähigkeit, Emotionen zu erkennen und angemessen darauf zu reagieren, um das Lernklima zu verbessern.

Rollenklarheit wahren – Achte darauf, deine Rolle als Lernbegleiter*in klar zu definieren, um Missverständnisse zu vermeiden und klare Grenzen zu setzen.

Verschiedene Kommunikationswege nutzen – Wende verschiedene Formen der Kommunikation an (schriftlich, mündlich, nonverbal), um eine optimale Verständigung zu gewährleisten.

Verlässlichkeit fördern – Sei für deine Schüler*innen da, sowohl in schwierigen als auch in guten Zeiten, um eine stabile Beziehung aufzubauen.

Ehrlichkeit wahren – Sei ehrlich und authentisch in deinem Umgang mit den Schüler*innen, um eine vertrauensvolle und respektvolle Atmosphäre zu schaffen.

Verhalten analysieren – Beobachte regelmäßig das Verhalten deiner Schüler*innen und analysiere, wie du darauf reagieren kannst, um die Beziehung zu stärken.

Zielvereinbarungen treffen – Definiere mit den Lernenden gemeinsam Ziele, die sie ansprechen und motivieren.

Grenzen respektieren – Achte darauf, die persönlichen Grenzen der Schüler*innen zu respektieren und zu wahren, um ein sicheres Umfeld zu schaffen.

Mitgefühl entwickeln – Übe Mitgefühl in schwierigen Situationen, um das Wohlbefinden der Schüler*innen zu unterstützen.

Vertrauen als Grundlage – Stelle sicher, dass deine Schüler*innen sich auf dich verlassen können und du stets für sie da bist.

Gemeinsame Interessen finden – Suche nach gemeinsamen Interessen, um die Beziehung zu deinen Schüler*innen zu intensivieren und die Zusammenarbeit zu fördern.

Verständnis zeigen – Zeige Verständnis für die Herausforderungen und Sorgen deiner Schüler*innen, um eine tiefere Verbindung zu entwickeln.

Stressbewältigung integrieren – Arbeite mit deinen Schüler*innen an Techniken zur Stressbewältigung, um das emotionale Wohlbefinden zu fördern.

Konflikte konstruktiv lösen – Lerne, Konflikte frühzeitig zu erkennen und in einer Weise zu lösen, die alle Beteiligten respektiert und einbindet.

Gegenseitige Wertschätzung fördern – Achte darauf, gegenseitige Wertschätzung zwischen dir und den Schüler*innen zu pflegen, um eine respektvolle Lernatmosphäre zu schaffen.

Selbstbewusstsein stärken – Fördere das Selbstbewusstsein deiner Schüler*innen, indem du ihre Stärken anerkennst und unterstützt.

Transparente Ziele setzen – Setze klare Lernziele, die deine Schüler*innen verstehen und nach denen sie sich ausrichten können.

Achtsamkeit üben – Praktiziere Achtsamkeit in deinem Umgang mit den Lernenden, um eine ruhige und respektvolle Atmosphäre zu schaffen.

Konstruktive Diskussionen führen – Fördere konstruktive Diskussionen, in denen Schüler*innen ihre Meinungen respektvoll äußern und voneinander lernen können.

Veränderungen annehmen – Sei offen für Veränderungen und entwickle dich als Lernbegleiter*in ständig weiter, um den Bedürfnissen der Lernenden gerecht zu werden.

Gemeinsam reflektieren – Hole deine Schüler*innen in den Reflexionsprozess ein, um die Beziehung und das Lernumfeld kontinuierlich zu verbessern.

Feedback in beide Richtungen – Gib nicht nur Feedback, sondern hole auch das Feedback der Schüler*innen ein, *um dich als Lernbegleiter*in weiterzuentwickeln.

Verantwortung übertragen – Gib deinen Schüler*innen Verantwortung, um ihre Selbstständigkeit und Selbstverantwortung zu fördern.

Verständnis für Lernbarrieren entwickeln – Berücksichtige mögliche Lernbarrieren und biete individuell zugeschnittene Unterstützung an.

Mit positiven Ritualen arbeiten – Entwickle und pflege tägliche oder wöchentliche Rituale, die Vertrauen und Sicherheit schaffen.

Kreative Methoden einsetzen – Nutze kreative Ansätze, um die Beziehung zu deinen Schüler*innen zu stärken (z.B. gemeinsame Projekte, Spiele).

Vielfalt fördern – Fördere ein inklusives Umfeld, in dem alle Lernenden sich akzeptiert und wertgeschätzt fühlen.

Ermutigen statt drängen – Setze eher auf Ermutigung als auf Druck, um eine positive Beziehung zu den Schüler*innen zu schaffen.

Gegenseitige Unterstützung ermöglichen – Ermutige die Schüler*innen dazu, sich gegenseitig zu unterstützen und voneinander zu lernen.

Authentisch bleiben – Sei in deinem Auftreten authentisch, um eine ehrliche und vertrauensvolle Beziehung zu deinen Schüler*innen zu entwickeln.

Selbstfürsorge praktizieren – Achte auf deine eigene körperliche und geistige Gesundheit, um deine Energie und Präsenz als Lernbegleiter*in zu erhalten.

Positive Atmosphäre schaffen – Gestalte die Lernumgebung so, dass sie eine positive, respektvolle und unterstützende Stimmung fördert.

Selbstbeobachtung etablieren - Führe täglich kurze Reflexionseinheiten durch, um das eigene Verhalten und die Methodik zu hinterfragen.

Feedback-Runden einführen - Hole regelmäßig Feedback von deinen Schüler*innen ein und nutze dieses, um dein eigenes Vorgehen anzupassen.

Tägliches Journaling - Notiere deine Erfahrungen, Herausforderungen und Erfolge am Ende jedes Unterrichtstages.

Reflexionsfragen verwenden - Stelle dir regelmäßig Fragen wie „Was lief heute gut?" und „Was könnte ich beim nächsten Mal anders machen?"

Peer-Reflexion einbeziehen - Tausche dich regelmäßig mit Kolleg*innen aus und bitte um ehrliches Feedback.

Lernmethoden hinterfragen - Überdenke nach jeder Unterrichtseinheit, ob die eingesetzten Methoden die gewünschten Lernziele erreicht haben.

Lernfortschritte dokumentieren - Erstelle regelmäßige Berichte zu den Fortschritten der Schüler*innen und analysiere, wie du deine Unterstützung weiter optimieren kannst.

Videospiegelung nutzen - Filme dich beim Unterrichten und analysiere dein Verhalten und deine Kommunikationsweise.

Stärken erkennen - Mache dir eine Liste deiner eigenen Stärken als Lernbegleiter*in und entwickle diese weiter.

Schwächen benennen - Reflektiere regelmäßig, wo du dich noch verbessern kannst, ohne dich dabei selbst zu verurteilen.

Kritik annehmen - Sei offen für konstruktive Kritik und nutze diese als Gelegenheit zur Weiterentwicklung.

Fehler als Lernchance sehen - Sieh Fehler nicht als Misserfolg, sondern als wertvolle Gelegenheit zur Reflexion und Verbesserung.

Zielsetzung praktizieren - Setze dir konkrete Reflexionsziele, die du regelmäßig überprüfst und anpasst.

Abgleich der Wahrnehmung - Frage deine Schüler*innen, wie sie dein Verhalten und deine Methoden wahrnehmen, um ein klareres Bild deiner Wirkung zu erhalten.

Regelmäßige Selbstbeurteilung - Nimm dir Zeit, dein eigenes Verhalten im Unterricht kritisch zu bewerten und mit deinen Zielen abzugleichen.

Achtsamkeit trainieren - Praktiziere Achtsamkeit, um deine eigene innere Haltung während des Unterrichts bewusst wahrzunehmen.

Entwicklungsplan erstellen - Erstelle einen persönlichen Entwicklungsplan, in dem du reflektierte Maßnahmen für deine Weiterentwicklung festhältst.

Mentoring suchen - Suche dir eine erfahrene Person, die dir hilft, deine Reflexionsfähigkeit zu stärken.

Lernmethoden regelmäßig variieren - Ändere regelmäßig deine Methoden, um neue Perspektiven zu entwickeln und deine Flexibilität zu steigern.

Erfolge dokumentieren - Führe ein Erfolgstagebuch, in dem du regelmäßig positive Entwicklungen festhältst.

Selbstkritik üben - Übe, konstruktiv mit deiner eigenen Leistung ins Gericht zu gehen und Verbesserungspotenziale zu erkennen.

Protokolle führen - Erstelle Lernprotokolle, in denen du deine Reflexionen und Fortschritte schriftlich festhältst.

Lernumgebung reflektieren - Analysiere, wie deine Lernumgebung das Lernen beeinflusst und welche Anpassungen du vornehmen kannst.

Lernpartner*innen einbinden - Fördere den Austausch und die Reflexion unter deinen Schüler*innen, damit auch sie ihre Lernprozesse selbstkritisch hinterfragen können.

Introspektive Übungen integrieren - Fördere regelmäßige Selbstreflexion bei deinen Schüler*innen, indem du gezielte Introspektionsaufgaben stellst.

Handlungsspielräume schaffen - Gib dir selbst die Freiheit, neue Herangehensweisen auszuprobieren und dabei Fehler zu machen.

Fortbildung nutzen - Nimm regelmäßig an Fortbildungen teil, um deine Reflexionsfähigkeit und dein Methodenrepertoire zu erweitern.

Peer-Feedback organisieren - Lade Kolleg*innen ein, deine Unterrichtseinheiten zu beobachten und Feedback zu geben.

Empathie stärken - Reflektiere regelmäßig, wie du auf die emotionalen und sozialen Bedürfnisse deiner Schüler*innen reagierst.

Gruppendynamik beobachten - Achte darauf, wie die Dynamik in der Gruppe deine eigene Haltung und Methoden beeinflusst und passe sie gegebenenfalls an.

Veränderungen dokumentieren - Halte Veränderungen in deiner Lehrweise fest und reflektiere, welche Auswirkungen diese auf den Unterricht haben.

Mentale Modellbildung üben - Denke aktiv über verschiedene Szenarien nach, die im Unterricht auftreten könnten, und plane reflektierte Lösungen.

Verhaltensmuster hinterfragen - Reflektiere regelmäßig deine eigenen Verhaltensmuster, die du im Umgang mit Schüler*innen entwickelst.

Resilienz entwickeln - Arbeite daran, deine Resilienz zu stärken, um mit schwierigen Situationen und Kritik besser umgehen zu können.

Lernziele regelmäßig evaluieren - Überprüfe fortlaufend, ob die Lernziele klar und sinnvoll sind und ob sie an die Bedürfnisse der Schüler*innen angepasst sind.

Interaktive Reflexionstechniken einsetzen - Lass deine Schüler*innen interaktive Reflexionstechniken wie Denkblasen oder Mindmaps zur Selbstreflexion verwenden.

Wertschätzende Selbstkritik üben - Lerne, dich selbst wertschätzend zu kritisieren, um eine konstruktive Haltung zu entwickeln.

Visionen entwickeln - Setze dir eine langfristige Vision für deine Entwicklung als Lernbegleiter*in und arbeite darauf hin.

Veränderungsprozesse begleiten - Reflektiere über Veränderungen im Unterricht und passe diese kontinuierlich an, um das Beste für deine Schüler*innen herauszuholen.

Mindset fördern - Fördere bei dir und deinen Schüler*innen ein wachstumsorientiertes Mindset, um kontinuierliches Lernen und Entwicklung zu ermöglichen.

Ruhezeiten einbauen - Plane regelmäßige Pausen zur Reflexion, um Abstand zu gewinnen und klarer denken zu können.

Evaluierung der Methodenvielfalt - Setze regelmäßig neue Methoden ein und evaluiere ihre Wirksamkeit.

Flexibilität bewahren - Entwickle die Fähigkeit, auch während des Unterrichts flexibel auf unvorhergesehene Herausforderungen zu reagieren.

Positives Feedback einholen - Frage gezielt nach positivem Feedback, um deine Stärken weiter auszubauen.

Eigenes Lernen fördern - Stelle sicher, dass du selbst auch kontinuierlich dazulernst, um als Vorbild für deine Schüler*innen zu wirken.

Selbstfürsorge praktizieren - Achte auf deine eigene Gesundheit und Balance, um deine Reflexionsfähigkeit langfristig aufrechterhalten zu können.

Wertschätzung einfließen lassen - Lerne, dich selbst und deine Fortschritte wertzuschätzen, um die eigene Entwicklung nicht zu übersehen.

Offenheit für Neues entwickeln - Bleibe offen für neue Perspektiven und Ansätze, um deine Reflexion und Weiterentwicklung voranzutreiben.

Reflexion in Gespräche einfließen lassen - Integriere Reflexionsfragen in deine Gespräche mit Schüler*innen, um auch ihre Selbstreflexion zu fördern.

Zukunftsperspektiven entwickeln - Denke langfristig und entwickle eine Vision davon, wie du dich als Lernbegleiter*in kontinuierlich verbessern möchtest.

Ziele setzen - Hilf deinen Schüler*innen individuelle Lernziele zu definieren und diese regelmäßig zu überprüfen.

Selbstreflexion fördern - Rege deine Schüler*innen an, regelmäßig über ihren Lernfortschritt nachzudenken.

Lernstrategien vermitteln - Stelle verschiedene Lernmethoden (z.B. Mindmaps, Lernkarten, Visualisierungen) vor.

Zeitmanagement schulen - Unterstütze deine Schüler*innen dabei, einen Lernplan zu erstellen und ihre Zeit effektiv zu managen.

Selbstmotivation stärken - Nutze positive Verstärkung, um Schüler*innen zu ermutigen und ihre Motivation zu steigern.

Prioritäten setzen - Bringe deinen Schüler*innen bei, wie man Aufgaben nach Dringlichkeit und Wichtigkeit priorisiert.

Checklisten verwenden - Lasse mit Checklisten arbeiten, um den Überblick über Lernaufgaben und Ziele zu behalten.

Pausen integrieren - Hilf deinen Schüler*innen dabei, regelmäßige Pausen in ihren Lernalltag einzuplanen.

Fokus auf den Lernprozess statt nur auf Ergebnisse - Hebe grundsätzlich den Wert des Lernens als Prozess hervor und nicht nur das Endergebnis.

Selbstbewertung anregen - Rege deine Schüler*innen dazu an, ihre eigenen Arbeiten und Fortschritte zu bewerten.

Förderung der Selbstdisziplin - Ermutige deine Schüler*innen dazu, sich an ihren Lernplan zu halten und Ablenkungen zu minimieren.

Fehler als Lernchance verstehen – Schaffe eine Fehlerkultur, in der Fehler als Teil des Lernprozesses angesehen werden.

Ziele regelmäßig anpassen - Rege Schüler*innen dazu an, ihre Ziele bei Bedarf anzupassen, wenn sie merken, dass sie nicht erreichbar sind.

Verantwortung übernehmen - Ermutige deine Schüler*innen dazu, Verantwortung für ihr eigenes Lernen zu übernehmen.

Lernfortschritte dokumentieren - Lass deine Schüler*innen ein Lernjournal oder Portfolio führen, um ihre Fortschritte zu visualisieren.

Lernziele visualisieren – Mache Lernziele auf Postern oder Tafeln sichtbar, um die Zielorientierung zu stärken.

Selbstständige Recherche fördern – Ermutige Schüler*innen dazu, Informationen selbst zu suchen und nicht nur auf externe Quellen zu vertrauen.

Wöchentliche Reflexionen – Führe jede Woche eine kurze Reflexion durch, um den Lernprozess zu evaluieren.

Kollaboratives Lernen – Rege Schüler*innen zu Gruppenarbeiten an, um gemeinsam Lösungen zu entwickeln und voneinander zu lernen.

Zeit zum Nachdenken geben – Gib deinen Schüler*innen regelmäßig Zeit, über das Gelernte nachzudenken, ohne sofort eine Antwort zu erwarten.

Projekte statt nur Aufgaben – Biete längere Projekte an, die eigenständige Planung und Zeitmanagement erfordern.

Eigenständige Problemlösung fördern – Trainiere mit deinen Schüler*innen, wie sie sich selbstständig Lösungen erarbeiten können, bevor sie um Hilfe bitten.

Lernumgebung gestalten – Schaffe eine ruhige und strukturierte Lernumgebung, die Konzentration fördert.

Ressourcen bereitstellen – Stelle Ressourcen wie Bücher, Webseiten und Videos zur eigenständigen Recherche zur Verfügung.

Komplexe Aufgaben in kleinere Schritte unterteilen – Zerlege große Aufgaben in kleinere, handhabbare Schritte, um Überforderung zu vermeiden.

Proaktive Kommunikation – Rege deine Schüler*innen an, Fragen zu stellen und ihre Unsicherheiten offen anzusprechen.

Vertrauen in die Selbstständigkeit – Lass Schüler*innen allein arbeiten, um Selbstständigkeit zu fördern. Biete aber bei Bedarf Unterstützung an.

Vorbereitung auf Prüfungen - Biete Hilfe bei der gezielten Vorbereitung auf Prüfungen und der Entwicklung von Prüfungsstrategien an.

Belohnungssysteme bei Bedarf einsetzen – Nutze positive Verstärkung durch kleine Belohnungen bei Erreichung von Meilensteinen, wenn sie wertvoll für den/die Schüler*in sind.

Visualisierung von Zeitabläufen – Arbeite mit Zeitplänen oder Kalendern, um das Zeitmanagement zu verbessern.

Zugang zu Online-Lernplattformen – Ermögliche Schüler*innen den Zugang zu Online-Ressourcen und interaktiven Lernplattformen.

Fehlende Lerninhalte nachholen – Hilf den Schüler*innen, versäumte Lerninhalte selbstständig nachzuholen.

Positives Vorbild sein – Tritt als Lernbegleiter*in grundsätzlich selbst organisiert und zielstrebig auf, um ein Vorbild zu sein.

Förderung von Eigeninitiative – Gib den Schüler*innen die Freiheit, Themen nach ihrem Interesse zu vertiefen.

Regelmäßige Lernzielüberprüfung – Rege Schüler*innen dazu an, ihre Lernziele wöchentlich zu überprüfen und anzupassen.

Förderung der Selbstorganisation – Gib Hilfestellungen zur Strukturierung des Lernmaterials (z.B. Ordnersysteme, Notizen).

Anpassung des Lerntempos – Ermögliche den Schüler*innen, das Lerntempo selbst zu steuern, um Über- oder Unterforderung zu vermeiden.

Verbindung von Theorie und Praxis – Stelle den Bezug zur Praxis her, um das Lernen relevanter und motivierender zu machen.

Aus Fehlern lernen – Rege deine Schüler*innen dazu an, aus ihren Fehlern zu lernen und diese als Teil des Lernprozesses zu akzeptieren.

Individuelle Unterstützung bieten – Gehe auf die unterschiedlichen Bedürfnisse der Schüler*innen ein und fördere individuell.

Schwächen erkennen und ansprechen – Erkenne Lernbarrieren frühzeitig und suche gemeinsam nach Lösungen.

Förderung der kritischen Denkweise – Übe mit deinen Schüler*innen, Informationen kritisch zu hinterfragen und eigene Meinungen zu entwickeln.

Stressbewältigungsstrategien vermitteln – Vermittle Techniken zur Stressbewältigung und Entspannung, gerade vor Prüfungen oder stressigen Aufgaben.

Motivation durch Verantwortung – Übertrage deinen Schüler*innen Verantwortung für bestimmte Aufgaben oder Projekte, um ihr Engagement zu steigern.

Zusätzliche Unterstützung aufzeigen – Zeige deinen Schüler*innen, wo sie zusätzliche Unterstützung finden können (z.B. Online-Tutoren, Lernzentren).

Offene Kommunikation fördern – Pflege einen offenen Dialog, damit Schüler*innen jederzeit Fragen stellen oder Unterstützung einfordern können.

Geduld und Raum für Fehler lassen – Zeige Geduld mit dem Lernprozess und gib den Schüler*innen Raum, Fehler zu machen und daraus zu lernen.

Konzentrationstraining durchführen – Biete Übungen zur Verbesserung der Konzentration und Fokussierung im Lernprozess an.

Ziele in Etappen unterteilen – Unterteile langfristige Ziele in kleinere, erreichbare Zwischenziele, um den Erfolg greifbar zu machen.

Erfolgserlebnisse teilen – Ermutige deine Schüler*innen, ihre Erfolge mit anderen zu teilen, um das Selbstbewusstsein zu stärken.